BASICS

CONSTRUCTION DE TOITURES

TANJA BROTRÜCK

BASICS

CONSTRUCTION DE TOITURES

BIRKHÄUSER – ÉDITIONS D'ARCHITECTURE
BÂLE · BOSTON · BERLIN

TABLE DES MATIÈRES

AVANT-PROPOS

Avoir sur la tête un toit qui protège de la pluie, du vent et du froid est l'un des besoins fondamentaux de l'être humain. À ces exigences relevant de la physique du bâtiment s'ajoutent les impératifs statiques de reprise des charges et de stabilité, ce qui montre bien la diversité des fonctions que doit remplir un toit. Pour y répondre ont été développées, au fil des traditions artisanales, différentes formes et typologies de toitures, qui n'ont rien perdu de leur actualité.

Ainsi certaines variantes de toitures plates ou inclinées caractérisent-elles des paysages culturels entiers, le toit constituant d'ailleurs, en tant que « cinquième façade », un attribut stylistique essentiel, même pour les bâtiments modernes.

La collection « Basics » a pour ambition de fournir de façon didactique des informations utiles pour la pratique. Elle s'adresse aux étudiants qui sont pour la première fois confrontés à un domaine ou à une thématique donnés. La matière est traitée de façon progressive, avec des introductions et des explications accessibles. Les éléments essentiels sont abordés de manière systématique, et approfondis dans les différents volumes. L'idée n'est pas de produire une somme exhaustive de connaissances techniques, mais d'initier à un thème, de l'expliquer et d'offrir le savoir-faire nécessaire à une mise en pratique conforme aux règles du métier.

Le présent volume est destiné aux étudiants en architecture amenés pour la première fois à concevoir une toiture et à en dessiner les plans. Il présente les différents types de toitures existants, montre comment les exécuter pour répondre aux différentes exigences de la construction, et en indique les avantages et inconvénients respectifs. Il explique de façon compréhensible les fonctions qu'assument les différents éléments et couches de construction, et la manière dont ces fonctions doivent être prises en compte lors de la conception de la toiture – cela depuis la charpente jusqu'à l'évacuation des eaux pluviales, en passant par l'isolation, l'étanchéité et les éléments de couverture ou de protection rapportée. Le but est de familiariser les étudiants avec les principes et le vocabulaire de base de la construction de toitures, de manière à ce qu'ils puissent les traduire en propositions architecturales et constructives concrètes.

Bert Bielefeld, éditeur

INTRODUCTION

En tant que partie de l'enveloppe extérieure d'un bâtiment, la toiture assume différentes fonctions, dont la première consiste à protéger des intempéries l'espace – ouvert ou fermé – qu'elle couvre. Les principaux aspects à prendre en compte sont ici l'évacuation des précipitations, la protection contre le rayonnement solaire et le vent, ainsi que la protection visuelle.

Selon les caractéristiques du projet et les exigences auxquelles la toiture doit satisfaire, différentes constructions peuvent être envisagées. Les exemples présentés dans cet ouvrage ont pour but d'illustrer des principes fondamentaux, à partir desquels pourront être imaginées de nouvelles solutions dans le domaine en permanente évolution qu'est la conception de toitures.

La toiture est soumise à l'action de différentes charges qu'il s'agit de transmettre au sol, soit directement, soit par l'intermédiaire de murs extérieurs, de piliers ou de fondations.

On distingue entre différentes constructions et formes de toitures. Divers facteurs interviennent dans le choix d'une solution appropriée, le critère le plus important étant sans doute l'aspect du toit. Mais la forme et les dimensions des plans d'étages, les coûts de construction et les dispositions réglementaires en vigueur peuvent aussi avoir une influence déterminante.

La construction et les matériaux choisis pour la toiture devraient être en adéquation avec le programme à traiter. Ainsi trouvera-t-on rarement dans la construction de logements privée d'onéreuses structures préfabriquées en acier, de même qu'on évitera dans la construction industrielle les détails d'exécution artisanale.

\\Remarque :
Les plans d'urbanisme imposent souvent, pour les biens-fonds sur lesquels ils portent, des inclinaisons et des formes de toitures déterminées. Si le terrain à bâtir en question se situe dans un environnement déjà construit et qu'il n'est soumis à aucune réglementation particulière, le droit de la construction exige en général que le projet s'adapte au bâti existant. On pourra se renseigner sur les prescriptions applicables à une parcelle donnée auprès de l'autorité chargée de l'application du règlement de construction.

On a souvent affaire à des formes de toits typiquement régionales. Dans les régions alpines, par exemple, on trouve la plupart du temps des toitures faiblement inclinées, dotées de vastes avant-toits, tandis que, dans les régions côtières du nord de l'Europe, ce sont les maisons à pignon › voir chap. Formes de toitures couronnées de toitures fortement inclinées qui dominent. Cependant, la destination des bâtiments peut, elle aussi, conduire à des formes de toits spécifiques. Ainsi les halles de tennis présentent-elles souvent des toitures en berceau, dont la forme épouse la trajectoire de la balle, tandis que les halles polyvalentes sont en général dotées de toits plats, offrant une plus grande flexibilité d'utilisation.

Plusieurs formes de toitures peuvent du reste être combinées les unes avec les autres. Cela impliquant cependant des détails géométriquement compliqués, difficiles à rendre étanches, il convient en principe de privilégier les constructions simples.

Parmi toutes les formes de toitures imaginables, on établit une distinction fondamentale entre toitures inclinées et toitures plates, une inclinaison de 5° étant la plupart du temps retenue comme valeur limite entre les deux. Ces deux formes présentant chacune un fonctionnement et une structure bien spécifiques, elles seront ici traitées séparément.

CHARGES, FORCES ET EFFORTS

La statique traite de la stabilité des ouvrages de construction. Aussi s'applique-t-elle à déterminer les forces qui agissent sur ces derniers, ainsi que les effets de ces forces. On sait, selon la seconde loi de Newton, que force = masse x accélération. En général, on ne perçoit les forces que de manière indirecte, à travers leurs effets. Si l'on observe par exemple l'accélération d'un corps, on en déduit qu'il est soumis à l'action d'une ou plusieurs forces. La statique est cependant la théorie de l'équilibre des forces. En effet, les éléments de construction doivent rester stables, ce qui suppose qu'aux forces agissant sur lui s'opposent des réactions de même ampleur. Il faut en outre que les efforts intérieurs soient, eux aussi, en équilibre. Cela implique que l'élément résiste aux sollicitations qu'il subit, ce qui dépendra de ses dimensions (par exemple de son épaisseur), de sa résistance et de son élasticité.

Lorsqu'un élément est comprimé, on parle d'efforts de compression. Lorsqu'il est sollicité par des forces qui l'étirent, on parle d'efforts de traction. Si des forces opposées agissent sur différents points d'un même élément, celui-ci tend à se tordre. Dans le bâtiment, une telle sollicitation est désignée par la notion technique de moment de torsion.

Dans le domaine de la construction de toitures, toutes les forces sollicitant la charpente doivent être transmises à la construction sous-jacente, qui exerce à son tour sur la structure ce que l'on appelle des réactions d'appui.

Tab.1:
Types de charges

Type de charge		**Durée**	**Direction principale**	**Détermination**
Poids propre	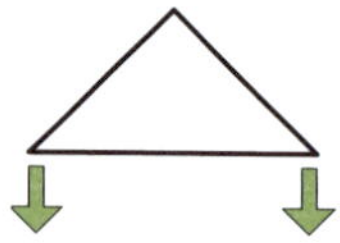	permanente	verticale	Calcul effectué sur la base de la quantité et du poids spécifique des éléments concernés (indication en kN/m^2)
Charge utile	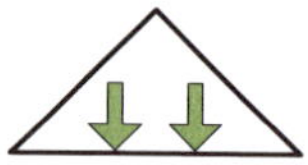	variable	verticale	Possibilité de se baser sur les valeurs moyennes données par les tables en fonction de la destination du bâtiment (indication en kN/m^2)
Charge due à la neige et à la glace	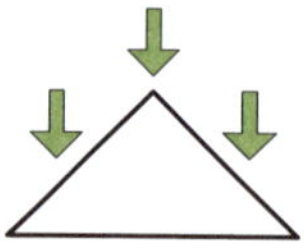	variable	verticale	Possibilité de se baser sur les valeurs données par les tables en fonction de l'inclinaison du toit et de la zone de neige concernée
Charge due au vent	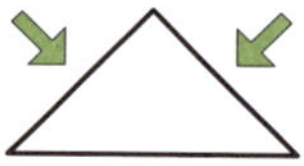	variable	variable	Possibilité de se baser sur les valeurs données par les tables en fonction de l'inclinaison du toit et de la zone de vent concernée

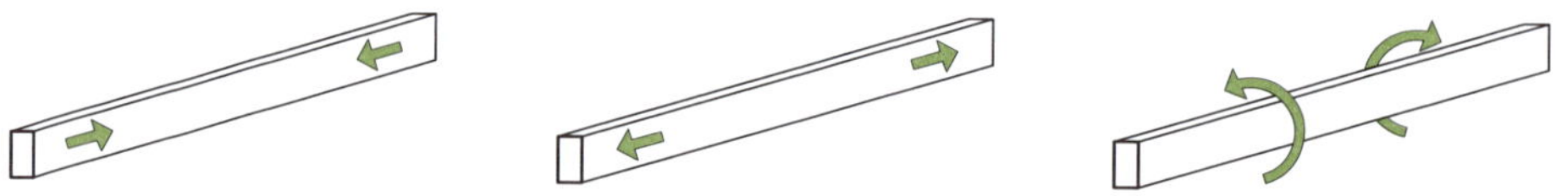

Ill.1:
Efforts

Les forces agissant sur un édifice ou l'un de ses éléments sont aussi désignées en fonction de leur direction. Ainsi fait-on par exemple la distinction entre forces longitudinales et transversales.

Un bâtiment est soumis à l'action de différentes charges, › voir tab. 1 dont il s'agira, lors de la conception, de déterminer l'ampleur et la manière dont elles seront transmises au sol. Les charges peuvent s'exercer aussi bien horizontalement, dans le sens longitudinal ou transversal, que verticalement. L'inventaire des différentes charges constitue la base à partir de laquelle sera dimensionnée la charpente. Le concepteur doit définir dès cette phase quels matériaux seront mis en œuvre, de manière à pouvoir déterminer le poids propre de la construction. Le poids propre est une charge permanente s'exerçant verticalement, vers le bas. À cela s'ajoute la charge utile, qui peut provenir d'objets mobiles – par exemple des meubles – ou de personnes. Il n'est cependant pas nécessaire de recenser chaque objet et de le prendre en compte séparément lors du dimensionnement de la structure. On pourra ici se baser sur des valeurs moyennes, définies pour différents types de bâtiments (logements, entrepôts, usines, etc.). On n'effectuera qu'exceptionnellement un calcul détaillé. Si un élément n'est destiné à supporter aucune charge utile – un pan de toiture incliné, par exemple –, il s'agira néanmoins de s'assurer qu'une personne puisse s'y déplacer durant le montage, ou à des fins d'entretien (charge humaine). À l'instar du poids propre, les charges utiles s'exercent en général verticalement, vers le bas.

De l'extérieur s'exercent sur la toiture les charges dues au vent, à la neige et à la glace. Tandis que neige et glace pèsent sur la toiture, et produisent donc elles aussi des charges verticales, le vent peut agir tant horizontalement que verticalement. On parle de succion et de pression dues au vent. La succion exerce un effet d'aspiration qui tend à décoller ou soulever les éléments sur lesquels elle agit, ces derniers devant dès lors être fixés de façon appropriée. ›✎

✎

\\Astuce :
Pour faciliter l'inventaire des charges, les normes des différents pays contiennent des tables indiquant le poids spécifique des différents matériaux et éléments de construction, ainsi que des valeurs de dimensionnement pour les charges utiles et celles dues à la neige et au vent. Les principales normes en question sont listées en annexe du présent ouvrage.

TOITURES INCLINÉES

GÉNÉRALITÉS

Dans la construction de maisons individuelles, la majorité des toitures sont inclinées. Les pans inclinés sont particulièrement adaptés à l'évacuation des précipitations. Leurs charpentes sont le plus souvent construites en bois et de façon artisanale, des structures en acier ou en béton étant cependant aussi envisageables. Les sections triangulaires des charpentes à deux versants ont une bonne capacité de reprendre les charges horizontales dues au vent, et de les transmettre aux éléments porteurs sous-jacents.

La ligne supérieure du toit est appelée faîte ou faîtage, son bord inférieur égout. › voir ill. 2 L'arête oblique qui relie les deux au niveau du mur pignon forme ce qu'on appelle la rive. Lorsque deux versants se coupent, leur ligne d'intersection est nommée arêtier si l'angle qu'ils forment est saillant, noue si cet angle est rentrant. Lorsque la toiture repose sur un mur qui dépasse le dernier plancher d'étage, celui-ci est appelé mur de jambette. L'inclinaison d'un versant, qui se mesure en degrés, correspond à l'angle intérieur formé par le rampant avec l'horizontale. Lorsque l'on traite de gouttières ou d'étanchéité, on parle par contre de pente, laquelle est en général exprimée en pour cent.

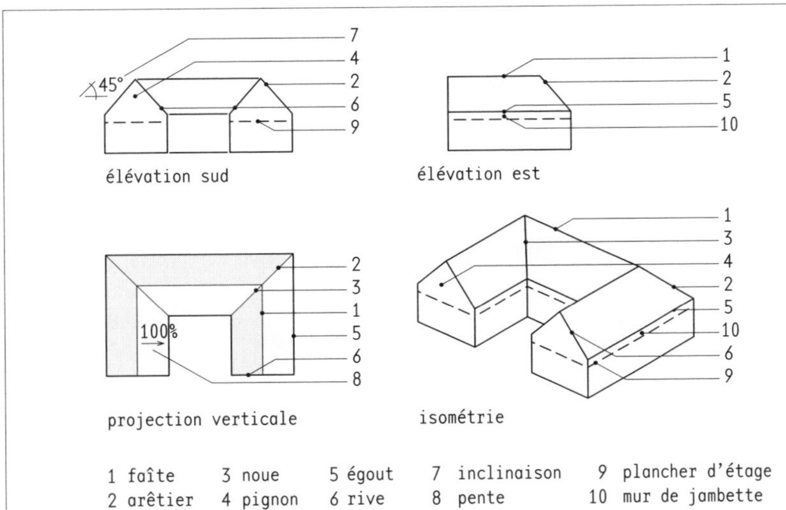

Ill. 2:
Notions de base

Ill. 3: Toit à un versant – toit en bâtière – toit mansardé – toit en croupe

FORMES DE TOITURES

Les différentes formes de toitures sont désignées d'une part en fonction du nombre et de l'inclinaison de leurs versants, d'autre part en fonction du type de pignon qui en résulte.

Toit à un versant/ appentis

Comme son nom l'indique, un toit à un versant est constitué par un unique pan incliné. Les murs extérieurs n'ayant pas ici la même hauteur au niveau du faîte et de l'égout, cette forme de toit est particulièrement appropriée lorsque l'édifice présente une orientation déterminée, qu'il donne par exemple sur le jardin dans le cas d'un immeuble d'habitation, ou sur la rue dans le cas d'un bâtiment à caractère public. Un toit à un versant adossé à un mur est appelé appentis.

Toit en bâtière ou à deux versants

Deux pans de toiture inclinés posés l'un contre l'autre forment un toit en bâtière. Il s'agit là – avec le toit à un versant – de la forme de toiture inclinée la plus élémentaire.

Toit mansardé

Lorsque les deux versants opposés du toit sont brisés, on parle de toit mansardé (ou comble à la Mansart). Cette forme de toiture, aujourd'hui devenue rare, était utilisée pour augmenter la hauteur sous toit des combles habitables.

Lorsque le mur situé sous les deux versants monte jusqu'au faîte, il forme un pignon. Si ce dernier donne sur la rue ou sur une place, on parle de maison à pignon sur rue. (Lorsque l'édifice est orienté dans l'autre sens, on parle de maison à gouttereau sur rue, bien que l'expression soit plus rare.)

Toit en croupe

Un toit se terminant sur tous les côtés par un pan incliné est appelé toit en croupe.

Toit en pavillon

Lorsqu'un toit se termine sur tous les côtés par un pan incliné et que les murs extérieurs de l'édifice ont tous la même longueur, tous les versants se rejoignent en un point, et l'on parle alors de toit en pavillon.

Toit en demi-croupe

Si le mur pignon est couronné par un pan de toiture incliné, ce dernier est appelé demi-croupe ou croupe faîtière, le toit étant dit en demi-croupe.

Toit en berceau

Lorsque le toit présente une forme semi-cylindrique, on parle de toit en berceau. Les toits incurvés de tous côtés sont connus sous le nom de coupoles.

Toit en shed

Les toits en shed (dits aussi à redents) constituent une catégorie supplémentaire. Ici, une série de petits toits à un ou deux pans se succèdent

Ill.4:
Toit en pavillon – toit en demi-croupe – toit en berceau – toit en shed

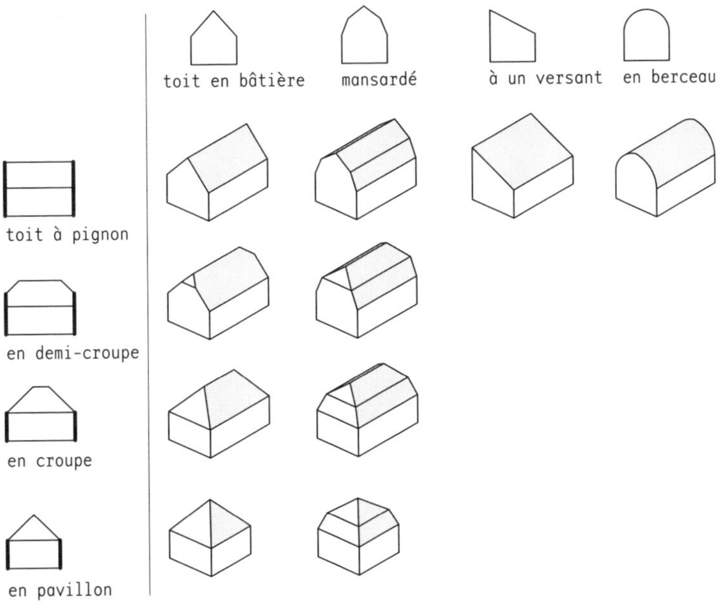

Ill.5:
Formes de toitures

\\Remarque :
La hauteur sous toit ou sous plafond permet de déterminer si un espace peut être utilisé confortablement. Une surface de plancher est considérée comme pleinement utilisable lorsqu'elle possède une hauteur libre de 2,20 m ou plus.

\\Remarque :
Lorsqu'il s'agit de calculer la surface utile des combles d'un bâtiment, les surfaces d'une hauteur libre comprise entre 1 et 2 m ne comptent que pour moitié, celles d'une hauteur de 2 m et plus sont intégralement prises en compte et celles d'une hauteur inférieure à 1 m ne sont pas comptabilisées du tout. Les modalités de calcul des surfaces sont définies, par domaines, dans les normes des différents pays.

en dents de scie, le versant le plus incliné de chaque toit étant en général doté de vitrages. Les sheds entièrement vitrés, servant à éclairer de grands espaces comme des halles de production, sont également courants.

Pour décrire de façon complète et précise la forme d'un toit, on pourra, le cas échéant, combiner les différents termes que nous venons de définir. Ainsi parlera-t-on par exemple de toit en croupe mansardé. Lorsque le bâtiment forme pignon, cela n'est par contre pas précisé dans la dénomination du toit. Dans un tel cas, on parlera tout simplement de toit en bâtière, en mansarde ou à un versant.

LUCARNES

Pour éclairer les combles et moduler la silhouette de l'édifice, la forme primaire de la toiture peut être ponctuée de lucarnes, qui augmentent en même temps la surface utilisable des combles. On prendra toutefois garde au fait que, pour des raisons géométriques, la quantité de lumière pénétrant dans les combles est nettement moindre dans le cas d'une lucarne que dans celui d'une fenêtre percée dans un mur. Aussi est-il, de ce point de vue, plus efficace de ménager des fenêtres dans les murs pignons. La largeur des lucarnes devrait en principe se limiter à une ou deux travées de chevrons. › voir chap. Charpentes Au-delà, il est nécessaire de prévoir des éléments porteurs supplémentaires, pouvant par exemple être intégrés aux châssis de fenêtres. On veillera à ce que l'inclinaison minimale prescrite pour la couverture du toit soit aussi respectée au niveau des lucarnes, › voir chap. Couches de construction, Couverture ces dernières devant par ailleurs répondre aux mêmes exigences que le reste de la toiture en matière de protection thermique, d'étanchéité au vent et à l'humidité, etc. La forme des lucarnes dépendra, entre autres, du matériau de couverture choisi pour la toiture.

Lucarne rampante

La lucarne rampante présente un toit moins incliné que la toiture principale, qui donne l'impression d'en avoir été décollé. Il en résulte des faces latérales triangulaires et verticales, appelées jouées.

Lucarne à chevalet

De telles jouées caractérisent également la lucarne à chevalet (dite aussi jacobine). Celle-ci présente toutefois un chapeau à deux pans formant pignon, raccordé à la toiture principale par des noulets.

Ill. 6:
Lucarne rampante – lucarne à chevalet – outeau

Ill.7:
Lucarne en chapeau de gendarme – lucarne demi-ronde – lucarne cintrée

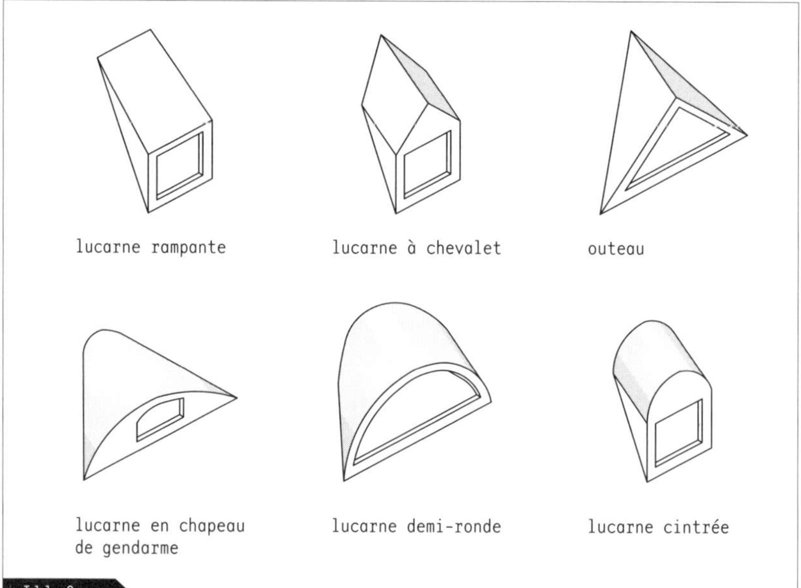

Ill.8:
Formes de lucarnes

Outeau

On parle d'outeau lorsque n'émerge de la toiture principale qu'un pignon triangulaire.

Lucarne en chapeau de gendarme

La lucarne en chapeau de gendarme forme un arc surbaissé qui n'interrompt pas la surface du versant. Environ dix fois plus large que haute, elle requiert la même hauteur de toit qu'une lucarne rampante.

Lucarne demi-ronde

La lucarne demi-ronde présente une façade semi-circulaire. Si elle peut être intégrée dans différents types de couvertures, elle doit être elle-même couverte de tôle, ou d'un autre matériau assez malléable pour pouvoir en épouser la forme incurvée.

Lucarne cintrée

Lorsque le demi-cercle ne fait que couronner la façade de la lucarne, cette dernière est dite cintrée.

Ill.9:
Charpentes en bois

CHARPENTES

Si les toits sont caractérisés par leur forme, ils se distinguent aussi par l'exécution de leur charpente. Pour les petites toitures, comme celles que l'on rencontre par exemple dans la construction de maisons individuelles, on a jusqu'ici privilégié le bois, qui, outre sa bonne capacité de reprise des efforts de traction et de compression, a l'avantage d'être économique et facile à façonner sur le chantier. Si les structures en acier ou en poutres de béton précontraint sont en général utilisées dans le cas de portées plus grandes, il est néanmoins possible aussi d'y recourir dans la construction de logements, pour produire des formes que le bois ne permettrait pas de réaliser.

Parmi les charpentes de toitures inclinées, on distingue entre trois systèmes fondamentaux: la charpente à chevrons, la charpente à faux-entrait et la charpente à pannes.

Charpente à chevrons

La charpente à chevrons se base sur le principe du cadre à trois articulations. Considérée en coupe transversale, cette construction se compose de deux poutres appuyées l'une contre l'autre (les chevrons), qui forment avec la dalle de béton ou une solive un cadre triangulaire appelé ferme. Les chevrons étant fixés et assemblés de façon indéformable, mais restant libres de pivoter à leurs extrémités, on parle de cadre articulé. Une charpente à chevrons se compose de plusieurs fermes espacées d'environ 70 à 80 cm, 90 cm au maximum. Soumis à leur poids propre, aux charges de neige, etc., les chevrons sont sollicités en compression, la solive qui les relie reprenant quant à elle les efforts de traction qui tendent à écarter la ferme. › voir chap. Charges, forces et efforts Les assemblages entre les chevrons et les solives ou la dalle doivent être conçus de manière à ce que les efforts repris par la charpente soient transmis aux murs ou aux piliers qui la supportent. Lorsque le raccord à l'égout est exécuté selon les règles artisanales traditionnelles, la solive se prolonge au-delà du triangle formé par la ferme.

Débord et coyau

Cette saillie mesure en général plus de 20 cm. Pour que la couverture puisse être posée jusqu'à l'extrémité du débord, soit au-delà du mur extérieur, le rampant doit être prolongé au moyen d'un coyau produisant une rupture de pente.

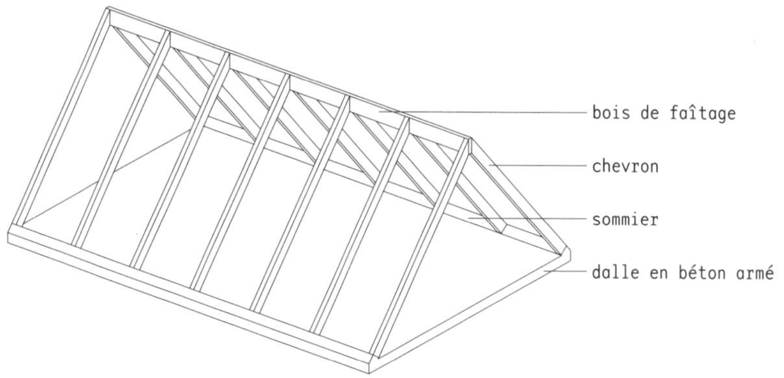

Ill.10:
Isométrie d'une charpente à chevrons

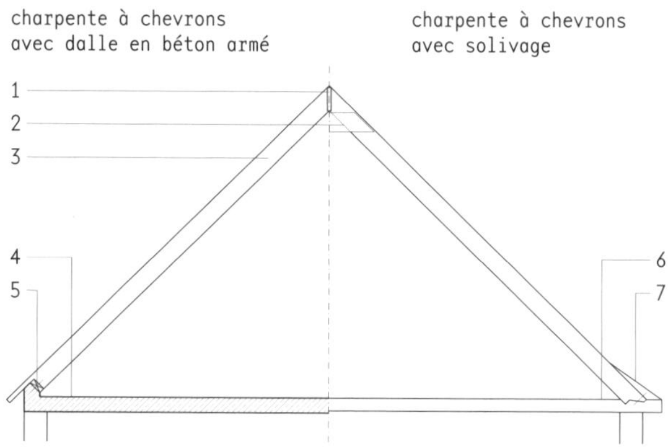

1 bois de faîtage
2 éclisse en bois clouée
3 chevron
4 dalle en béton armé
5 sommier
6 solive
7 coyau

Ill.11:
Coupe transversale d'une charpente à chevrons

Lorsque les combles sont aménagés, l'exécution la plus courante consiste, aujourd'hui, à prévoir une poutre de ceinture en béton, à laquelle les forces diagonales exercées par les chevrons sont transmises par le biais d'un chaînage ou d'un rebord de dalle en biseau.

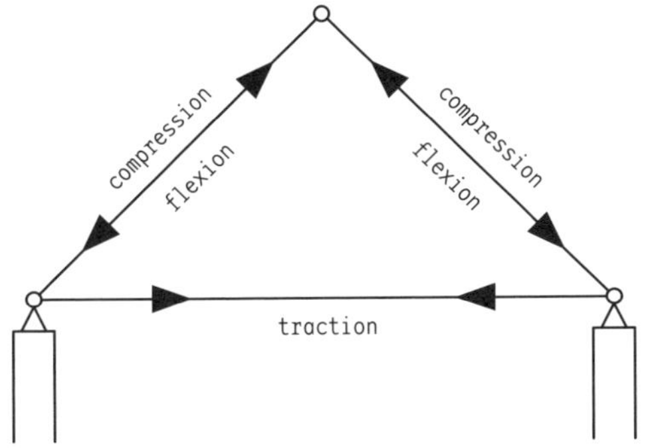

Ill.12:
Schéma des efforts dans une charpente à chevrons

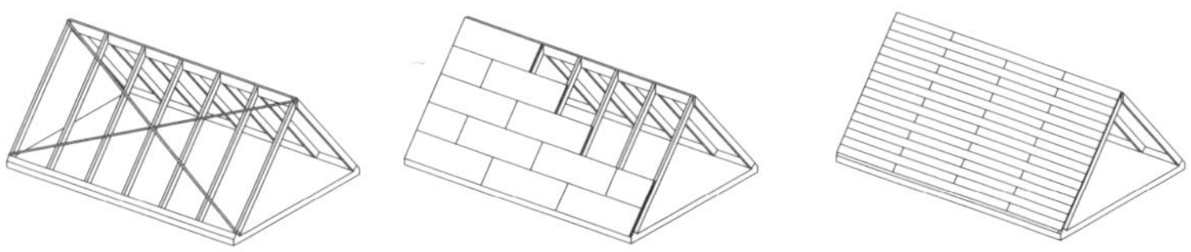

Ill.13:
Contreventement d'une charpente à chevrons

Bois de faîtage

Pour faciliter le montage des chevrons, on les fait souvent buter contre un bois de faîtage reliant les fermes dans le sens de la longueur. Cet élément ne suffisant toutefois pas à contreventer la charpente dans cette direction, on pourra prévoir soit des contrevents en bois ou en métal plat posés en diagonale sur les chevrons, soit un voligeage ou des panneaux couvrant toute la surface du versant.

Les charpentes à chevrons peuvent présenter une inclinaison comprise entre 25 et 50° environ. Elles conviennent pour des portées allant jusqu'à 8 m, au-delà de quoi les sections requises ne sont plus économiques. Toutes les charges étant ici reprises par les murs longitudinaux, on recourt en général à ce type de charpentes pour obtenir des plans d'étages dépourvus d'appuis intermédiaires. En raison des enchevêtrures nécessaires, › voir chap. Charpentes, Enchevêtrures elles ne se prêtent que de façon limitée au montage d'éléments spéciaux tels que lucarnes ou grandes fenêtres de toit.

Charpente à faux-entrait

Charpente à faux-entrait

> 📎

À l'instar de la charpente à chevrons, la charpente à faux-entrait se compose de cadres à trois articulations. Ici, toutefois, des traverses horizontales, appelées faux-entraits, réduisent la flèche des chevrons et permettent de franchir des portées plus grandes.

Pour des raisons constructives, les faux-entraits sont la plupart du temps moisés, c'est-à-dire fixés, par paire, de part et d'autre des chevrons. Sur le plan statique, le plus efficace est de les placer au milieu des chevrons. Pour augmenter la hauteur libre des combles, il est cependant possible de les poser aux deux tiers ou aux trois quarts de la hauteur totale. Le contreventement longitudinal de la charpente et l'assemblage des pièces au niveau du faîte et du sommier peuvent se faire de la même manière que dans le cas d'une charpente à chevrons.

C'est lorsqu'elles présentent une inclinaison de plus de 45° que les charpentes à faux-entrait, adaptées à des portées de 10 à 15 m, sont le plus économique.

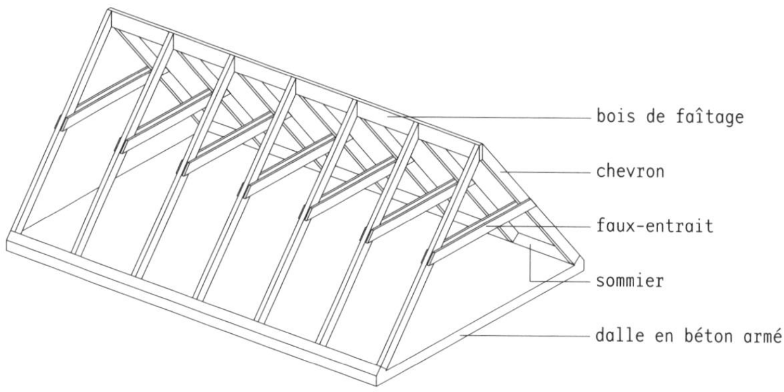

Ill.14:
Isométrie d'une charpente à faux-entrait

📎

\\Remarque :
La portée est la distance qu'un élément franchit sans point d'appui. Dans le cas d'une charpente à chevrons ou à faux-entrait, la portée correspond à la largeur du bâtiment ou corps de bâtiment correspondant.

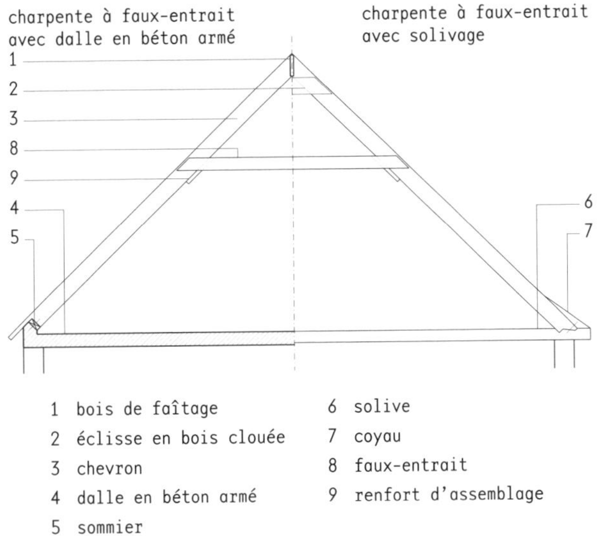

Ill.15:
Coupe transversale d'une charpente à faux-entrait.

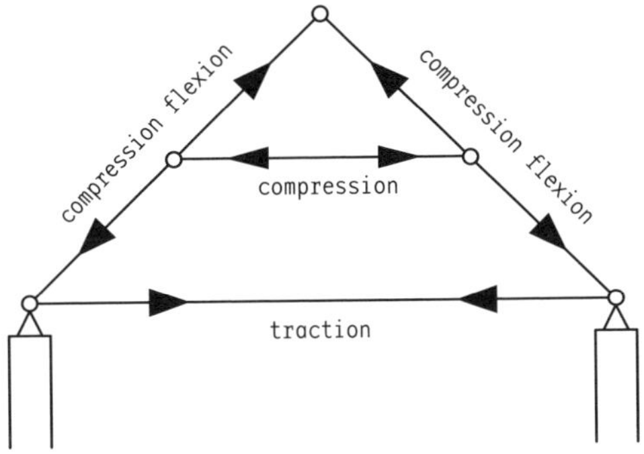

Ill.16:
Schéma des efforts dans une charpente à faux-entrait

Charpente à pannes

Charpente à pannes

Poteau

La charpente à pannes se caractérise par des poutres courant horizontalement (les pannes), qui portent les chevrons. Les pannes reposent soit sur les murs extérieurs du bâtiment, soit sur des poteaux. Sollicités en flexion, les chevrons transmettent leur charge aux pannes. Pour pouvoir

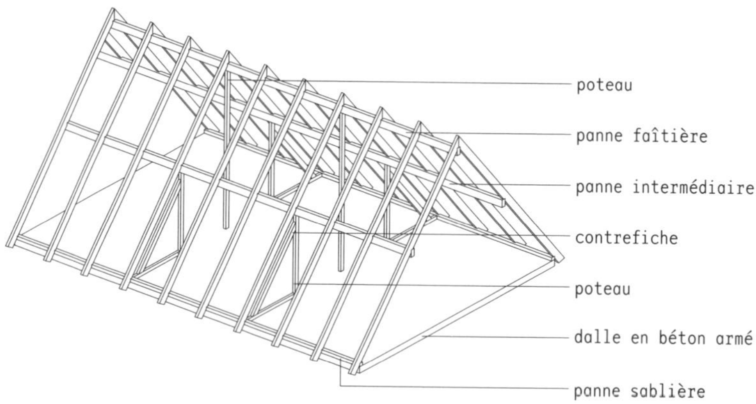

Ill.17:
Isométrie d'une charpente à pannes

reprendre les charges horizontales dues au vent, les poteaux doivent être contreventés par des contrefiches parallèles aux chevrons. Fixées sur le côté des poteaux, les contrefiches améliorent la capacité de la charpente de reprendre les forces transversales.

Contrefiche

La forme la plus simple de charpente à pannes est la charpente à simple ferme droite, où les chevrons reposent sur deux pannes, appelées respectivement faîtière (au niveau du faîte) et sablière (au niveau de l'égout). Les charges agissant sur la faîtière sont reprises par une unique rangée de poteaux verticaux, d'où le nom donné à cette construction. Dans une charpente à double ferme droite, les chevrons reposent sur la sablière et sur une panne intermédiaire, placée de préférence à mi-chevron. La portée des chevrons étant ainsi réduite, leur flèche l'est aussi. Le contreventement transversal de la charpente peut être assuré par des faux-entraits. Dans le cas de plans d'étages de grandes dimensions, on pourra recourir à une charpente à triple ferme droite, comprenant pannes sablières, intermédiaires et faîtière.

Parmi les diverses formes de charpentes traditionnelles, la charpente à pannes est celle qui offre le plus de possibilités. Le chevronnage étant ici indépendant du reste de la construction, ce système permet de réaliser une grande variété de toitures irrégulières et composées. En outre, l'intégration de cheminées ou de fenêtres de toit à l'aide de chevêtres ne pose aucun problème. › voir ill. 19 et chap. Charpentes, Enchevêtrures

Les toits à pannes peuvent présenter n'importe quelle inclinaison. Entre les pannes, des longueurs de chevrons de 4,50 m ou moins sont idéales.

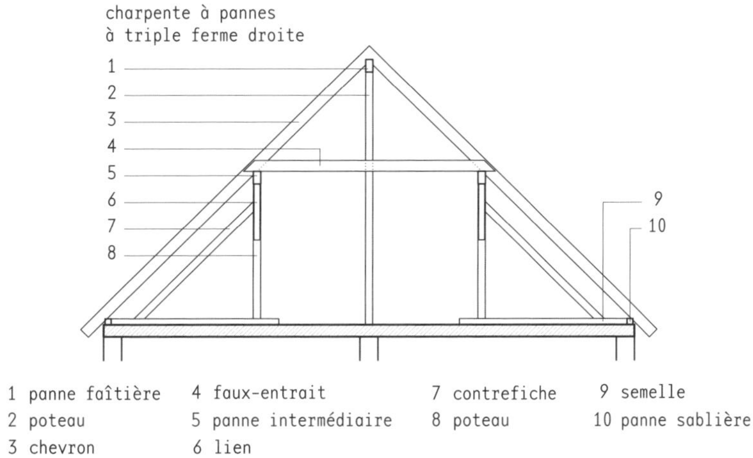

Ill.18:
Coupe transversale d'une charpente à pannes

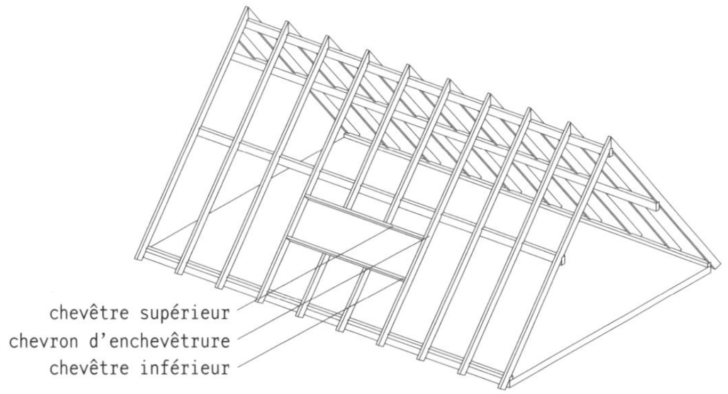

Ill.19:
Enchevêtrure dans une charpente à pannes

L'une des principales conditions requises par cette construction est que les charges reprises par les poteaux soient transmises à la structure porteuse du bâtiment, les poteaux devant par conséquent prendre appui sur des murs porteurs, des sommiers ou des piliers.

Lorsque la longueur des chevrons dépasse 7 m, il est nécessaire de prévoir, en plus des pannes sablières et intermédiaires, une panne faîtière, dont les charges sont transmises aux murs porteurs sous-jacents par des poteaux.

Ferme à poinçon

Lorsque la configuration des plans d'étages n'offre pas les appuis nécessaires, il est possible de recourir à une ferme à poinçon. Ici, la panne faîtière est soutenue par des poinçons ne descendant que jusqu'au faux-entrait moisé, au niveau duquel les charges verticales sont transmises horizontalement. Chevrons, moise et poinçon forment un cadre triangulé, comparable aux fermes d'un toit à chevrons.

Enchevêtrures

L'usage prévu des combles peut nécessiter de pratiquer dans la toiture des ouvertures dont la largeur dépasse l'écartement des chevrons, par exemple pour faire passer des cheminées ou poser des fenêtres de toit. Dans un tel cas, on interrompt les chevrons et on insère dans le chevronnage des éléments appelés chevêtres.

Chevêtres

Il s'agit là de poutres horizontales filant sur une ou plusieurs travées de chevrons, qui transmettent les charges aux chevrons latéraux ininterrompus (chevrons d'enchevêtrure). Lors du dimensionnement, on fera si possible en sorte que les chevêtres présentent la même hauteur que les chevrons, de manière à pouvoir poser les différentes couches de construction sans avoir de différences de niveau à compenser.

Fenêtres de toit et lucarnes

Tabatières

Selon la destination des combles, il peut s'avérer nécessaire, pour en assurer l'éclairage et l'aération, de poser des fenêtres dans le plan du toit. Dans le cas de combles non utilisés, mais accessibles, il est recommandé de prévoir des tabatières. Directement intégrées à la couverture, celles-ci ne satisfont à aucune exigence particulière en termes d'étanchéité au vent et d'isolation thermique, mais sont bon marché et ne requièrent en général que peu d'entretien. Outre un éclairage minimal des combles, elles permettent d'inspecter la surface du toit depuis l'intérieur, et d'examiner ainsi l'état des gouttières et de la couverture même lorsque la hauteur ou la situation du bâtiment empêchent d'accéder au toit par une échelle.

Lorsque les combles sont aménagés et utilisés comme espace d'habitation ou de travail, leur bon éclairage doit être garanti. En règle générale, la surface des fenêtres devrait s'élever, au minimum, à un huitième de la surface de plancher correspondante. L'éclairage et l'aération des locaux peut se faire par des fenêtres percées dans les murs pignons (si pignons il y a), des lucarnes ou des fenêtres de toit. N'étant en principe pas directement touchés par les précipitations, les vitrages verticaux des lucarnes et des fenêtres de pignon ont l'avantage de se salir moins vite, mais aussi de permettre aux occupants des locaux de se tenir à la fenêtre, et de bénéficier ainsi d'une meilleure vue sur le paysage environnant. En outre, les lucar-

\\ Remarque :
Les exigences minimales auxquelles les lucarnes doivent satisfaire pour être considérées comme issues de secours réglementaires sont définies dans la législation des différents pays. Dans la plupart des cas, un format de fenêtre de 90 x 120 cm est jugé suffisant. Pour que l'on puisse franchir les allèges depuis l'intérieur, leur hauteur ne devra pas dépasser 120 cm. Les fenêtres devront se trouver à une distance de 120 cm de l'égout au maximum, à défaut de quoi il s'agira d'aménager une plate-forme de secours d'où les personnes concernées puissent attirer l'attention.

nes peuvent aussi servir, en cas d'incendie, de «seconde issue de secours» (la première étant toujours constituée par une cage d'escalier). Il faut toutefois pour cela que les fenêtres soient assez grandes et que les personnes se trouvant dans les combles puissent attirer l'attention.

Lors de la conception de l'aération des combles, on gardera à l'esprit que l'air chaud monte. Si les combles sont conçus comme un espace ouvert jusque sous le faîte, on veillera à ce que l'air chaud puisse s'échapper dans la partie supérieure du toit.

Fenêtres de toit

Aujourd'hui, les fenêtres de toit sont des éléments préfabriqués montés par le couvreur. Les différents produits disponibles sont dotés de pièces de raccordement adaptées aux divers types de couvertures et de constructions. Leur largeur, comprise entre 70 et 90 cm, correspond aux distances usuelles entre chevrons. Les fenêtres de toit peuvent être posées entre deux chevrons ou s'étendre sur plusieurs travées. Dans ce dernier cas, des chevêtres doivent être insérés entre les chevrons. › **voir chap. Charpentes, Enchevêtrures** Il existe aussi des châssis combinés, permettant de juxtaposer plusieurs fenêtres sans enchevêtrure. La hauteur des fenêtres est limitée à environ 1,60 m, au-delà de quoi elles deviennent en effet trop lourdes et difficiles à manier. Pour augmenter la surface vitrée, on pourra placer deux fenêtres l'une sur l'autre. Pour garantir une vue agréable, le bord supérieur de la verrière ainsi obtenue devra se trouver à une hauteur de 1,90 m au minimum. D'ordinaire comprise entre 0,85 et 1,00 m, la hauteur des allèges devra, le cas échéant, être augmentée dans les cuisines et les salles de bains. Plus l'inclinaison de la toiture est faible, plus la surface vitrée doit être importante pour atteindre une hauteur suffisante.

Lors de la conception des fenêtres de toit, on veillera à ce que celles-ci n'interrompent pas la section d'un éventuel vide de ventilation, de sorte que l'air puisse circuler librement autour de la fenêtre. Il convient en outre de raccorder à chaque bord du châssis un écran souple. › voir chap. Couches de construction On veillera ici à ce que l'eau puisse s'écouler librement, en posant par exemple un coin au-dessus de la fenêtre. L'isolation thermique est amenée jusqu'à la fenêtre de toit, les espaces intermédiaires devant être entièrement remplis d'isolation. Pour éviter que l'humidité contenue dans l'air chaud des locaux n'imprègne l'isolation, le pare-vapeur intérieur doit, lui aussi, être raccordé à tous les bords de la fenêtre.

Les fenêtres de toit se distinguent par différents modes d'ouverture. Dans une fenêtre basculante, le vantail est fixé latéralement, à mi-hauteur. Quand on l'ouvre, la partie supérieure bascule vers l'intérieur, la partie inférieure vers l'extérieur. Dans une fenêtre à projection, le vantail, fixé à son bord supérieur, s'ouvre entièrement vers l'extérieur. La face extérieure d'une telle fenêtre étant difficile à nettoyer (il faut passer le bras autour du vantail ouvert), on recourt souvent à des fenêtres combinant système à projection et à basculement. Il existe aussi des fenêtres projetantes et coulissantes, dont on peut faire glisser le vantail latéralement. Ces dernières étant toutefois très onéreuses, elles sont assez peu répandues.

Les fenêtres de toit doivent respecter certaines distances par rapport aux bâtiments voisins et aux limites de parcelle. Les prescriptions des règlements de construction imposent aussi une distance minimale aux murs coupe-feu, se montant en général à 1,25 m. Dans les maisons mitoyennes avec pignon sur rue, › voir chap. Formes de toitures les fenêtres de toit devraient se situer à une distance d'au moins 2,00 m de l'égout. On a souvent recours à de telles fenêtres lorsque les lucarnes ne sont pas autorisées.

Lucarnes

En éclairant les combles par des lucarnes, on augmente localement la hauteur sous toit et on accroît ainsi la surface de plancher utile. Une lucarne devrait présenter un vide de passage d'au moins 2,00 m, la hauteur de l'allège pouvant être comprise, comme dans le cas d'une fenêtre de toit, entre 0,85 et 1,00 m. Les petites lucarnes ont la largeur d'une travée de chevrons, soit environ 70 à 80 cm. Les lucarnes plus larges requièrent la pose de chevêtres. Dans les charpentes à chevrons, il n'est en général possible de porter atteinte qu'à une seule ferme, la largeur de la lucarne étant de ce fait limitée à deux travées de chevrons. Dans les charpentes à pannes, en revanche, les chevrons peuvent être interrompus sur plusieurs travées, les efforts repris par ceux-ci étant alors transmis verticalement au plancher.

La façade de la lucarne est constituée d'un cadre en bois équarri appelé bâti, posé soit sur les chevrons, soit à même le plancher. Dans ce dernier cas de figure, l'espace compris entre bâti et égout est la plupart du temps coffré, c'est-à-dire masqué par un revêtement qui délimite le volume des combles. Dans une lucarne rampante, les chevrons de la lucarne reposent, à l'une de leurs extrémités, sur le chevron d'enchevêtrure supérieur, à l'autre, sur le bâti. Pour contreventer la lucarne, ses faces latérales, appelées jouées, sont souvent revêtues de planches brutes ou d'autres éléments de type plaques ou panneaux. Les jouées doivent être isolées et étanchéifiées de la même manière que les pans de toiture. Elles sont la plupart du temps habillées de métal ou d'ardoise, ces deux matériaux facilitant en effet les raccords avec les surfaces inclinées du toit. Des jouées vitrées sont toutefois envisageables aussi, une telle exécution ayant pour avantage de mieux exploiter la lumière.

La largeur de la lucarne sera déterminée par la largeur de recouvrement de ses éléments de couverture. Ainsi la largeur d'une lucarne à couverture de tuiles se composera-t-elle par exemple de la somme des largeurs des tuiles et tuiles de rive mises en œuvre. Il en va de même pour la longueur du chapeau ou du rampant de la lucarne. › voir chap. Couches de construction, Couverture et Lattage

Lorsqu'on doit monter rapidement une lucarne – comme c'est par exemple le cas quand on en ajoute une après coup –, il est recommandé de la préfabriquer. Elle est alors directement posée sur la toiture, celle-ci pouvant être à nouveau étanchéifiée dans les plus brefs délais.

COUCHES DE CONSTRUCTION

Couverture

La principale fonction de la couverture consiste à assurer l'évacuation des précipitations et à empêcher l'humidité de pénétrer dans la construction, par exemple sous forme de neige soufflée. La couverture doit être étanche à la pluie et résistante aux intempéries, mais aussi au feu. Elle doit par ailleurs permettre le transport de la vapeur d'eau de l'intérieur vers l'extérieur, tout en protégeant du vent les éléments de construction sous-jacents. Le choix d'une couverture appropriée dépendra bien sûr de critères architecturaux, mais aussi de l'inclinaison et de la forme du toit. Ainsi les noues et autres raccords en coin seront-ils plus faciles à réaliser avec des écailles de petit format, par exemple des tuiles plates, › voir paragr. Écailles plates alors qu'il sera plus rapide et économique de couvrir les grands pans de toiture droits de tuiles pannes. La plupart des éléments de couverture ne peuvent être mis en œuvre qu'à partir d'une inclinaison déterminée. Sauf mention contraire, l'inclinaison prescrite par les fabricants correspond toujours à l'inclinaison minimale que doit présenter la toiture. Si cette limite inférieure n'est que partiellement respectée, on pourra empêcher l'eau ou la poussière de s'infiltrer dans le plan de la charpente ou de l'isolation en prévoyant une sous-couverture. › voir chap. Couches de construction, Étanchéité Les éléments de couverture se présentent sous différentes formes, pouvant elles-mêmes se composer de divers matériaux.

Toit de chaume ou de roseau

Le toit de chaume ou de roseau est une forme de couverture très ancienne, qui n'a plus cours aujourd'hui que dans certaines régions ou dans des cas isolés. L'inclinaison du toit devrait ici dépasser 45°. Une inclinaison de 50° est idéale, car elle permet au vent de presser le chaume contre la sous-construction, tout en minimisant les effets de succion. La couverture se compose de plusieurs bottes superposées, fixées sur un voligeage.

Écailles plates

Les écailles plates peuvent être en bois (bardeaux), en pierre, en béton ou en terre cuite. Dans le cas des bardeaux, l'inclinaison requise dépend de la longueur des éléments, de leur recouvrement et du nombre de leurs couches. Les toits simples à deux couches de bardeaux ne sont possibles qu'avec une inclinaison d'au moins 70°, donc très proche de la verticale, ceux à trois couches, plus onéreux, étant en revanche envisageables jusqu'à une inclinaison minimale de 22°.

Les écailles plates minérales sont la plupart du temps en ardoise. Pouvant prendre la forme de plaques rectangulaires, taillées en pointe, épaulées ou en écaille, les ardoises sont clouées sur un voligeage au niveau de leur recouvrement, selon des règles spécifiques. L'inclinaison prescrite pour une couverture en ardoises s'élève à 25–30°.

Les tuiles plates en béton ou en terre cuite sont produites industriellement, ce qui permet de fabriquer des éléments de forme spéciale adaptés à toutes les situations particulières, telles que rives, traversées, etc. Les tuiles destinées à être posées sur un lattage sont dotées, en sous-face, d'un nez ou de tenons. L'inclinaison minimale requise pour une couverture de tuiles plates en béton ou en terre cuite est comprise entre 25 et 40°.

Écailles profilées

Les écailles profilées sont, elles aussi, fabriquées en béton ou en terre cuite. Ici encore, il existe différents éléments de forme spéciale, adaptés à de nombreuses situations particulières. À la différence des tuiles plates, cependant, les tuiles profilées se recouvrent en général sur trois côtés. La plus ancienne forme de couverture en écailles profilées se compose de deux lits de tuiles creuses de forme conique, appelées tuiles canal. Les tuiles de dessus (tuiles de couvert) étant convexes, l'eau ruisselle sur celles, concaves, de dessous (tuiles de courant), d'où elle s'écoule dans la gouttière. Ces tuiles n'ont ni cannelures ni nervures, à la différence des tuiles modernes qui, pour empêcher l'eau de s'infiltrer sous la couverture, s'emboîtent tant

\\Remarque :
On trouvera des indications précises concernant l'inclinaison minimale requise par les différents types de couvertures dans la littérature spécialisée, ainsi que dans la documentation des fabricants.

Ill.20:
Couvertures en chaume

Ill.21:
Couvertures en bardeaux

Ill.22:
Couvertures en ardoises

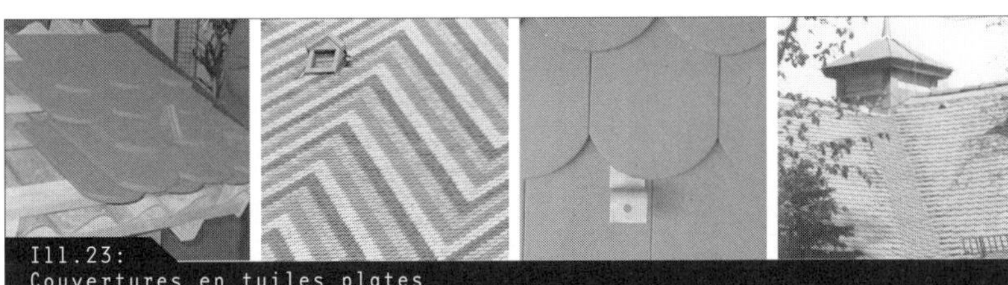
Ill.23:
Couvertures en tuiles plates

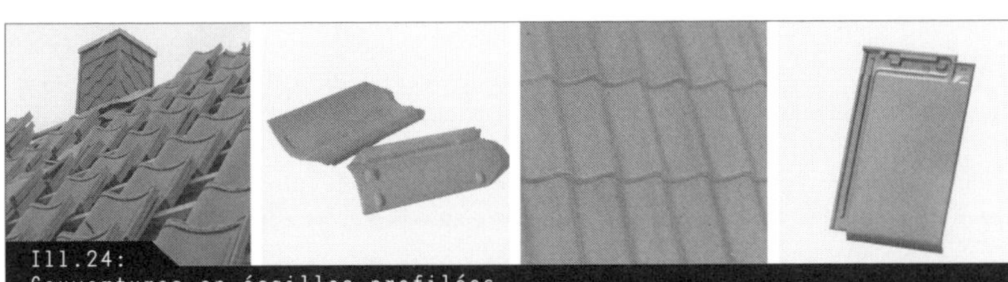
Ill.24:
Couvertures en écailles profilées

au niveau de leur bord supérieur que latéralement. L'inclinaison requise pour les couvertures en tuiles profilées varie, selon le type d'éléments mis en œuvre, entre 22 et 40°.

Plaques profilées

Il existe par ailleurs des éléments de couverture de grand format, se présentant sous la forme de plaques profilées – par exemple ondulées – faites de divers matériaux. Parmi les couvertures de ce type, l'une des plus simples consiste en plaques de fibrociment ondulées d'environ 1 m de large, posées à recouvrement sur une sous-couverture. Différents fabricants offrent pour les rives, percements et relevés, des éléments de forme spéciale. De telles plaques permettent de couvrir des toits dont l'inclinaison descend jusqu'à 12°. En cas d'inclinaison plus faible encore, on pourra recourir à des plaques de bitume ondulées. Ici, les rives et les raccords latéraux sont la plupart du temps exécutés au moyen de cornières. Certaines plaques profilées métalliques peuvent même être mises en œuvre à partir d'une inclinaison de 5°. La plupart du temps constitués d'acier zingué, de cuivre ou d'alliages d'aluminium, de tels éléments se présentent sous forme de plaques ondulées posées selon les mêmes principes que les plaques de fibrociment ou de bitume, ou sous forme de plaques à profilage trapézoïdal. Ces dernières, composées de minces tôles pliées, sont disponibles dans différentes formes et dimensions. Leurs plis à vive arête, optimisés sur le plan statique, permettent de franchir de grandes portées. Dans la construction industrielle, les plaques à ondes trapézoïdales sont souvent utilisées sous forme d'éléments composites avec isolation intégrée. Pour assurer l'étanchéité de la toiture, les bords latéraux relevés des tôles doivent se chevaucher et s'emboîter. Les plaques sont fixées sur la sous-couverture au moyen de vis autotaraudeuses, de boulons-crochets ou d'agrafes-pitons. Lors de la pose, il faut veiller à ce que les plaques métalliques ne subissent pas de corrosion par contact avec d'autres métaux. Aussi convient-il, lorsque les pannes sont faites d'un autre métal ou en béton, de prévoir sous la couverture une couche de séparation.

Bandes métalliques

Une autre forme de couverture métallique consiste en bandes de plomb, d'aluminium, de zinc, de cuivre ou d'acier inoxydable ou zingué, d'une largeur le plus souvent comprise entre 500 et 1500 mm. Les raccords longitudinaux sont exécutés selon les techniques de l'agrafure (ou joint debout), de la baguette roulée ou du tasseau avec couvre-joint, les raccords transversaux se faisant par recouvrement et agrafure. Les rives et les raccords avec les autres éléments de construction sont la plupart du temps réalisés artisanalement, à l'aide de tôles pliées à vive arête. Les couvertures à bandes métalliques requièrent une inclinaison minimale de 5°, des mesures particulières devant être prises en cas de faible inclinaison.

Ill.25:
Couvertures en tuiles canal

Ill.26:
Couvertures en plaques et bandes métalliques profilées

Lattage

Alors que les plaques et bandes de couverture sont fixées sur la sous-couverture au moyen de vis, de clous, de boulons-crochets ou d'agrafes-pitons, les tuiles, dotées d'un nez ou de tenons, sont posées sur un lattage.

Le dimensionnement des lattes se fera en fonction du poids de la couverture et de l'écartement des chevrons. Dans le cas d'une couverture ordinaire, il est recommandé de prévoir les sections de lattes suivantes : jusqu'à 70 cm de distance entre chevrons –> lattes de 24/48 mm ; jusqu'à 80 cm de distance entre chevrons –> lattes de 30/50 mm ; jusqu'à 100 cm de distance entre chevrons –> lattes de 40/60 mm. › voir tab. 2 On tiendra par ailleurs compte de la classe de qualité du bois.

L'espacement des lattes dépendra de l'inclinaison de la toiture et du choix des tuiles, les valeurs à prendre en compte variant en fonction des fabricants et des produits. Il convient tout d'abord de déterminer la longueur totale de la surface à couvrir, correspondant à peu près à celle des chevrons. Le bord inférieur du toit présente une situation particulière, le concepteur devant ici décider, en fonction de l'ensemble de la construction, si la dernière rangée de tuiles doit dépasser la tête des chevrons, s'arrêter au nu de cette dernière, ou peut-être même se terminer plus haut. On opte habituellement pour une saillie correspondant au chevauchement des tuiles. De la solution retenue découle l'écartement des lattes destinées aux tuiles d'égout. Au bord supérieur du versant, les tuiles de la dernière rangée doivent pouvoir s'accrocher à la dernière latte, celle-ci devant ainsi être posée à une certaine distance du faîte. Pour déterminer le nombre de rangées de tuiles nécessaires et

Ill.27:
Lattages

Tab.2:
Section des lattes

Section des lattes en mm	Entraxe entre chevrons en m	Classe de bois selon DIN 4074
24/48	jusqu'à 0,70	S 13
24/60	jusqu'à 0,80	S 13
30/50	jusqu'à 0,80	S 10
40/60	jusqu'à 1,00	S 10

Dans le cas d'entraxes entre chevrons et de sections de lattes supérieurs, un calcul de vérification statique est nécessaire.

la distance entre lattes qui en découle, il s'agit de retrancher de la longueur totale à couvrir les distances à l'égout et au faîte, et de diviser la longueur restante par le pureau des tuiles, tel qu'indiqué par le fabricant.

Le recouvrement des tuiles dans le sens de la largeur est également déterminé sur la base des indications du fabricant, et peut lui aussi varier légèrement pour compenser les tolérances et s'adapter à d'éventuels éléments traversants, tels que conduits et cheminées.

\\Exemple :

Calcul de l'écartement des lattes :
Longueur totale à couvrir : 7,08 m
Distance à l'égout : 32 cm (à définir par le concepteur)
Distance au faîte : 4 cm (selon indications du fabricant)
Longueur à diviser :
7,08 m – 0,32 m – 0,04 m = 6,72 m
Pureau des tuiles selon indications du fabricant : 0,33 m
6,72 m : 0,33 m = 20,4 rangées
Nombre de rangées arrondi à : 20
Reste à vérifier que l'écartement obtenu soit admissible au vu de l'inclinaison de la toiture à couvrir !

\\Astuce :

La présence d'un écran ne rend pas indispensable la pose d'un contre-lattage. Il suffit en effet de poser le film de manière lâche, de sorte qu'il pende légèrement et permette ainsi à l'eau qui se serait infiltrée de ruisseler sous le lattage. Un contre-lattage reste néanmoins recommandé, car la plupart des films rétrécissent et se tendent avec le temps (voir ill. 29).

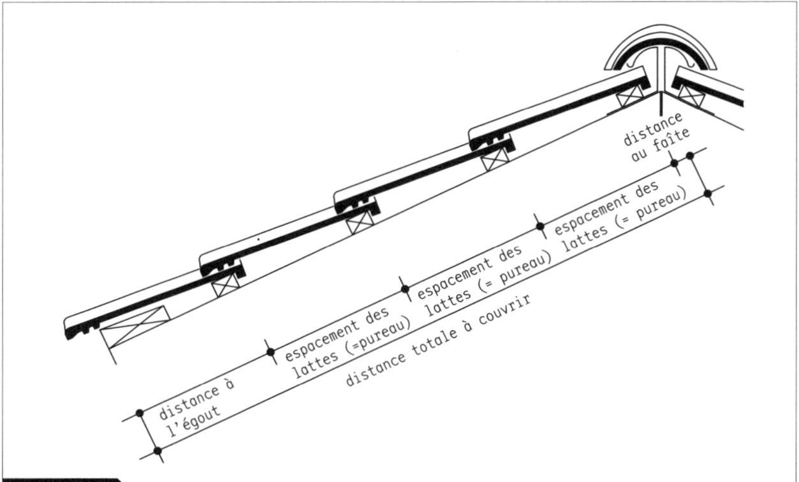

Ill.28:
Distances entre les lattes

Contre-lattage

Lorsqu'un écran est posé sous des écailles plates ou que l'inclinaison du toit est inférieure à 22°, un contre-lattage est nécessaire. Il en va de même en présence de sous-toitures, sous-couvertures et écrans empêchant l'humidité de s'échapper librement. › voir chap. Couches de construction, Étanchéité

Étanchéité

Une toiture est en principe rendue étanche à la pluie par la couverture. En cas d'exigences accrues en la matière, il convient toutefois de prendre des mesures supplémentaires, pour éviter que de la bruine ou de la neige poudreuse ne pénètrent sous la couverture sous l'effet du vent. Des exigences particulières peuvent par exemple découler d'une inclinaison de toit non conforme aux prescriptions, d'une forme de toiture spéciale ou complexe, de l'aménagement des combles en espace habitable, ou encore de conditions climatiques ou géographiques particulières (situation exposée, région soumise à de forts vents ou chutes de neige, etc.).

Écran souple

La mesure d'appoint la plus simple consiste à poser sous la couverture un écran souple pendant librement entre les chevrons, permettant à l'air de circuler sous les lattes. Les écrans souples se composent la plupart du temps de films plastique dotés d'un tissu d'armature.

Sous-couverture

On parle de sous-couverture lorsque les films sont appliqués à recouvrement sur un support situé sous le lattage et le contre-lattage, par exemple un voligeage. Les sous-couvertures sont considérées comme étanches à la pluie, la qualité atteinte dépendant toutefois de l'exécution des soudures ou des joints.

Ill.29:
Écrans souples

Tab.3:
Exigences accrues posées à la couverture

Inclinaison du toit	Exigences particulières liées à l'usage, à la construction et/ou au climat			
	pas d'exigences particulières	exigences accrues liées à un facteur de risque	exigences accrues liées à deux facteurs de risque	exigences accrues liées à trois facteurs de risque
> inclinaison prescrite	–	écran	écran	sous-couverture à recouvrement
< 6° de moins que l'inclinaison prescrite	écran	écran	sous-couverture à recouvrement	sous-couverture soudée / collée
< 10° de moins que l'inclinaison prescrite	sous-toiture étanche à la pluie	sous-toiture étanche à la pluie	sous-toiture étanche à la pluie	sous-toiture imperméable à l'eau
> 10° de moins que l'inclinaison prescrite	sous-toiture étanche à la pluie	sous-toiture imperméable à l'eau	sous-toiture imperméable à l'eau	sous-toiture imperméable à l'eau

Sous-toiture

Une sous-toiture se compose de lés d'étanchéité soudés ou collés les uns aux autres de façon étanche. On fait le distinguo entre sous-toitures étanches à la pluie et sous-toitures imperméables à l'eau. Une sous-toiture étanche à la pluie est posée sous le lattage et le contre-lattage, et peut présenter des ouvertures si la construction le requiert. Une sous-toiture imperméable à l'eau n'admet par contre aucune ouverture. Les lés étant ici posés entre le lattage et le contre-lattage, ce dernier se trouve lui aussi à l'abri de l'eau. Lors de l'exécution, on veillera à ce que l'eau ruisselant sur les lés puisse s'échapper au niveau de l'égout et se déverser dans la gouttière. Il s'agit en outre d'assurer une ventilation suffisante du vide situé sous la sous-toiture.

Isolation

Lorsque des combles sont aérés mais non aménagés, l'isolation est en général posée sur ou sous le dernier plancher d'étage. Le fait de ne pas isoler la toiture permet des économies de matériau et facilite l'exécution. Pour mieux exploiter le volume construit, toutefois, les combles sont de plus en plus souvent aménagés et chauffés, toutes les surfaces enveloppant l'espace utilisé devant ainsi répondre aux exigences de protection thermique définies dans les normes en vigueur. › voir Annexes

À cet égard, il est important, pour éviter les ponts thermiques, que l'isolation de la toiture se trouve dans le prolongement direct de celle des murs extérieurs.

Isolants thermiques

Pour l'isolation thermique de la toiture, on pourra par exemple utiliser de la laine minérale, des plaques rigides en mousse de polystyrène (PS) ou de polyuréthane (PUR), du liège, des panneaux légers en laine de bois ou des granulats isolants déversés en vrac. La conductivité thermique des matériaux isolants varie d'un produit à l'autre. Les matériaux à faible conductivité thermique isolent d'autant mieux, et peuvent donc, à performance égale, présenter une épaisseur moindre que les matériaux à forte conductivité thermique. Les propriétés isolantes d'un matériau sont inversement proportionnelles à son coefficient de transmission thermique, appelé valeur U (anciennement valeur K) et exprimé en watts par mètre carré – kelvin (W/m^{2}K).

\\Remarque :
Les ponts thermiques, aussi appelés ponts de froid, sont des points de la construction où l'isolation est interrompue, et par lesquels de la chaleur peut, en cas de différence de température entre intérieur et extérieur, pénétrer dans le bâtiment (situation estivale) ou s'en échapper (situation hivernale). Les ponts thermiques doivent dans la mesure du possible être évités, car le refroidissement de l'air au contact des surfaces froides peut engendrer de l'eau de condensation, susceptible d'imprégner la construction et de la détériorer.

\\Astuce :
La plupart des isolants sont offerts dans des largeurs correspondant aux distances habituelles entre chevrons. Il convient donc, lors de la conception, de s'informer le plus tôt possible sur les produits disponibles. Il est recommandé de définir l'écartement des chevrons en fonction de l'espace intermédiaire requis par l'isolation, plutôt que d'opter pour un entraxe en chiffres ronds.

Ill.30:
Isolation thermique de toitures inclinées

Ill.31:
Isolation des combles

L'isolation thermique peut être posée entre les chevrons, pour autant que leur hauteur soit suffisante au vu de l'épaisseur d'isolation requise. Le cas échéant, on pourra donner aux chevrons une hauteur supérieure à celle requise du seul point de vue statique, ou appliquer en sous-face une couche d'isolation supplémentaire (isolation entre et sous chevrons). Le bois étant un très mauvais conducteur de chaleur, l'interruption de la couche isolante par les chevrons ne crée pas de ponts thermiques.

Isolation entre chevrons avec/sans ventilation

Lorsque l'isolation est posée entre les chevrons, on distingue entre l'exécution avec ventilation, où un vide est laissé entre l'isolation et l'écran, et l'exécution sans ventilation, où l'épaisseur de l'isolation correspond exactement à la hauteur du chevron et remplit la totalité de l'espace intermédiaire.

Isolation sur chevrons

Pour que les chevrons restent apparents, on pourra aussi appliquer l'isolation sur un lambrissage fixé sur les chevrons.

Lorsque les combles sont isolés, il s'agit d'empêcher l'humidité contenue dans l'air chaud des locaux de pénétrer, par diffusion, dans l'isolation et la construction. Pour ce faire, on pose en pleine surface, sous l'isolation, un pare-vapeur dont les raccords au niveau des bords doivent être étanches à l'air.

\\Remarque :
En situation hivernale, l'air chaud qui se diffuserait à travers l'isolation se refroidirait en chemin. L'air chaud pouvant absorber plus d'humidité que l'air froid, il risquerait alors de se produire de l'eau de condensation, susceptible d'imprégner et de détériorer l'isolation et la charpente. Lorsque plusieurs pare-vapeur se succèdent au sein d'un même élément de construction, leur perméabilité à la vapeur d'eau doit aller croissant, de sorte que l'humidité qui aurait franchi la ou les premières barrières puisse s'échapper à l'air libre.

\\Astuce :
Il est possible de remplacer les pare-vapeur par des matériaux de construction rigides, pour autant que ceux-ci couvrent l'isolation de façon étanche à l'air (pare-air). Il pourra par exemple s'agir de panneaux OSB à joints obturés au moyen de bandes adhésives appropriées. Dans un tel cas, on devra en général démontrer que la solution adoptée est bien étanche à l'air.

On choisira, en fonction de l'inclinaison du toit et de la longueur des chevrons, un pare-vapeur présentant une résistance à la diffusion appropriée. Pour exprimer cette résistance, on se réfère à l'épaisseur d'une couche d'air de résistance à la diffusion équivalente (sd). Les pare-vapeur peuvent par exemple se composer de membranes élastomères ou de feuilles plastique.

On voit donc, pour résumer, que tout doit être mis en œuvre pour protéger la construction, et en particulier l'isolation, des infiltrations d'eau. Du côté intérieur, cela se fait au moyen de pare-vapeur, qui empêchent l'humidité contenue dans l'air chauffé des locaux de pénétrer dans la construction. Du côté extérieur, l'humidité doit pouvoir s'évaporer à travers la couverture ou s'échapper au niveau du faîte, l'eau s'étant infiltrée sous la couverture devant quant à elle pouvoir ruisseler sur l'écran et se déverser dans la gouttière.

MODES D'EXÉCUTION

Toitures non ventilées

Dans une toiture non ventilée, l'espace entre chevrons est entièrement rempli d'isolation, celle-ci étant ainsi comprise entre le pare-vapeur (à l'intérieur) et l'écran (à l'extérieur). Il s'agit ici de poser sur l'écran un contre-lattage, permettant à l'humidité ayant pénétré sous la couverture de s'évaporer. On recourt à ce mode d'exécution pour obtenir une toiture de faible épaisseur, ou lorsque l'on aménage après coup des combles dont la hauteur des chevrons ne permet pas une construction ventilée. Si l'on tient cependant à ce que l'isolation soit ventilée, on pourra soit doubler le chevronnage d'un lattage supplémentaire du côté extérieur, soit appliquer une deuxième couche d'isolation du côté intérieur.

Toitures ventilées

Dans une toiture ventilée, de l'air peut circuler sous l'écran, ce qui a l'avantage de permettre à l'humidité ayant pu pénétrer dans l'isolation de s'évaporer et d'être évacuée au niveau du faîte. La lame d'air a en outre pour effet de réduire l'afflux de chaleur dans les combles en situation estivale, en permettant à l'air chauffé de monter et de s'échapper par les ouvertures de ventilation ménagées au niveau du faîte. Il se produit un effet d'aspiration de type «effet cheminée», à condition toutefois que les ouvertures pratiquées au niveau de l'égout laissent passer une quantité d'air suffisante.

Au moment de déterminer l'épaisseur du vide de ventilation, on tiendra compte du fait que l'isolation ne peut jamais être posée de façon absolument plane, et qu'elle peut gonfler une fois mise en place. Pour garantir la libre circulation de l'air, on veillera à ce que celui-ci puisse contourner les éventuels chevêtres, fenêtres de toit, cheminées et lucarnes. Pour ce faire, on prévoira un contre-lattage, permettant une libre circulation de l'air entre égout et faîte. › voir ill. 29

Isolation sur chevrons

Lorsque l'isolation est posée sur les chevrons, elle n'est en général pas ventilée. Ici, la couverture se compose la plupart du temps d'éléments préfabriqués, posés sur un lambrissage fixé sur les chevrons. La face inférieure de ces éléments est, le plus souvent, déjà dotée d'un pare-vapeur. Comme dans le cas d'une isolation entre chevrons sans ventilation, l'écran – ou tout autre matériau hydrofuge adéquat – est appliqué directement sur l'isolation thermique. Outre qu'il abrège la durée des travaux, ce mode d'exécution permet de traiter les chevrons apparents comme des éléments architecturaux à part entière, auquel cas il est recommandé de les réaliser en bois massif raboté ou en lamellé-collé.

Faces intérieures

Pour assurer un climat ambiant agréable, les faces intérieures des combles aménagés devraient être revêtues d'un matériau capable d'absorber l'humidité, puis de la rejeter à nouveau. Dans les locaux délimités par des murs en maçonnerie, cette fonction est habituellement assumée par un

\\ Remarque :
Dans une toiture ventilée d'une inclinaison supérieure à 10°, la section des ouvertures de ventilation devrait atteindre au moins 2‰ de la surface du versant – mais au minimum 200 cm^2 – à l'égout, et au moins 5‰ de la surface du versant au faîte. La lame d'air doit présenter une épaisseur d'au moins 2 cm.

Lorsque l'inclinaison du toit est inférieure à 10°, la section des ouvertures de ventilation de deux égouts opposés doit atteindre 2‰ de la surface totale de la toiture, l'épaisseur de la lame d'air devant être d'au moins 5 cm. On trouvera, au besoin, des spécifications plus précises dans les normes des différents pays.

isolation entre chevrons avec ventilation

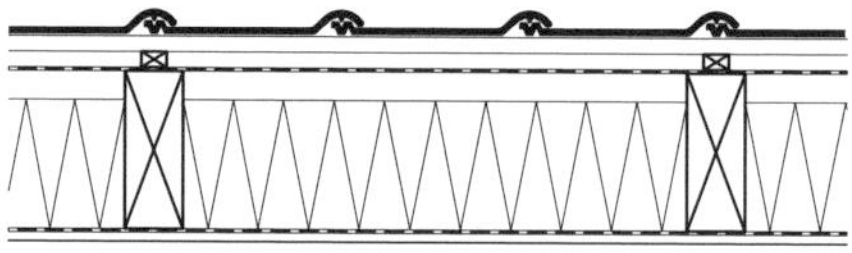

couverture
lattage
écran
vide de ventilation
isolation thermique
pare-vapeur

isolation entre et sous chevrons avec ventilation

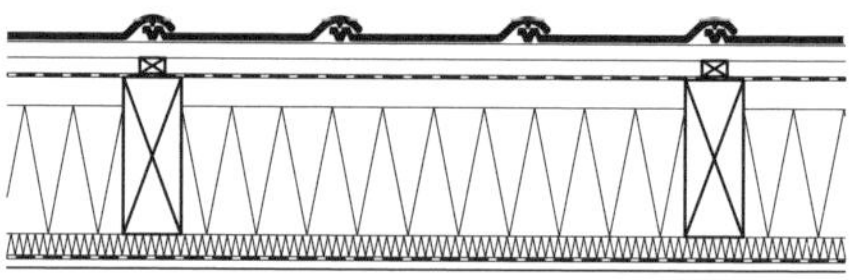

couverture
lattage
écran
vide de ventilation
isolation thermique
pare-vapeur

isolation entre chevrons sans ventilation

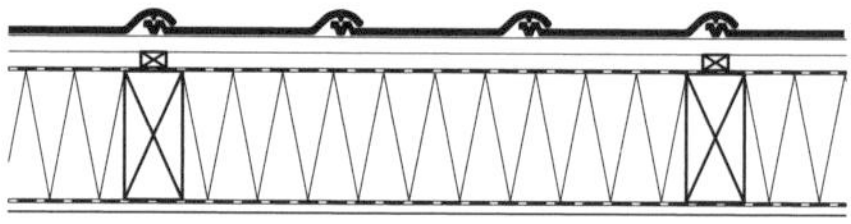

couverture
lattage
contre-lattage
écran
isolation thermique
pare-vapeur

isolation sur chevrons

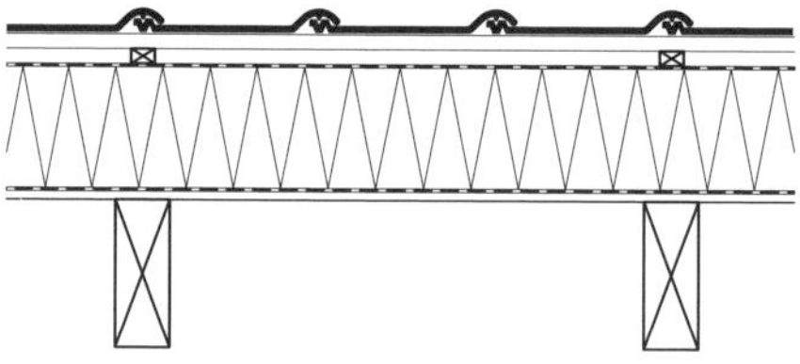

couverture
lattage
contre-lattage
écran
isolation thermique
pare-vapeur
lambrissage

Ill.32:
Modes d'exécution des toitures inclinées

Ill.33: Gouttières

crépi intérieur. Dans les combles, on utilise souvent des plaques de placoplâtre, faciles à découper et à ajuster sur le chantier. Il convient toutefois de prendre garde aux fissures que peuvent ici provoquer des mouvements même légers dans la construction. On recourt par ailleurs souvent à des revêtements en planches profilées à rainure et languette, dont le jeu permet d'éviter les fissures. Dans la plupart des cas, toutefois, le principal critère de choix du revêtement intérieur reste son aspect.

ÉVACUATION DES EAUX PLUVIALES

Dans le cas des toitures inclinées, les eaux pluviales ruissellent le long des versants et des noues en direction de l'égout, où elles sont recueillies par des gouttières, puis envoyées via des tuyaux de descente dans les canalisations. On parle de système unitaire (ou de tout-à-l'égout) lorsque les eaux de pluie sont collectées par le réseau public des canalisations d'eaux usées, et de système séparatif lorsqu'elles sont envoyées dans la nappe phréatique locale.

Pour dimensionner les gouttières et les descentes, il convient tout d'abord de déterminer la quantité d'eau précipitée qu'elles devront pouvoir écouler. Celle-ci se calcule à partir de l'intensité locale des pluies – en général 300 litres par seconde et par hectare (i = 300 l/(s x ha)) –, du coefficient de débit – lequel prend en compte l'inclinaison du toit et la nature de sa surface – et de la surface de récolte des eaux en projection verticale. Le calcul se fait selon la formule suivante :

Débit des eaux pluviales (en l/s) = coefficient de débit × surface de récolte des eaux à raccorder A (en m^2) × intensité des pluies de référence.

Les normes contiennent des tables indiquant, en fonction de la valeur ainsi obtenue, les dimensions requises pour les descentes.

Gouttières

Les gouttières pendantes sont fixées à l'égout par des crochets réglables en hauteur. Si la charpente est en bois, on prévoira un crochet par chevron, l'espacement des crochets ne devant toutefois pas dépasser 90 cm.

Tab. 4:
Coefficients de débit (extrait de la norme DIN 1986-2 tab. 16 / ISO 1438)

Type de surface	**Coefficient de débit**
Surface imperméable	1,0
Toiture d'inclinaison < 3°	0,8
Toiture gravillonnée	0,5
Toiture végétalisée	0,3
Toiture à végétalisation extensive (e > 10cm)	0,5

Tab. 5:
Surfaces de récolte des eaux raccordables aux descentes en cas de pente minimale et pour une intensité des pluies de 300 l/(s × ha) selon la norme DIN 1986-2 tab. 17 / ISO 1438

Pente du toit	**Débit maximal admissible**	**Coefficient de débit 1,0**	**Coefficient de débit 0,8**	**Coefficient de débit 0,5**
	en l/s	A en m^2	A en m^2	A en m^2
50	0,7	24	30	48
60	1,2	40	49	79
70	1,8	60	75	120
80	2,6	86	107	171
100	4,7	156	195	312
120	7,6	253	317	507
125	8,5	283	353	565
150	13,8	459	574	918
200	29,6	986	1233	1972

Tab. 6:
Dimensionnement des descentes et des gouttières correspondantes (PVC) selon la norme DIN 18 461 tab. 2 / ISO 1438

Surface de récolte des eaux à raccorder pour une intensité des pluies max. de 300 l/(sxha)	**Débit des eaux pluviales**	**Descente (dimension nominale)**	**Gouttière (dimension nominale)**
en m^2	en l/s	en mm	
20	0,6	50	80
37	1,1	63	80
57	1,7	70	100
97	2,9	90	125
170	5,1	100	150
243	7,3	125	180
483	14,5	150	250

Les gouttières viennent se loger dans les crochets. On veillera ici à ce que la gouttière penche vers l'extérieur, c'est-à-dire à ce qu'elle soit plus haute du côté du bâtiment que du côté du vide, de manière à ce que l'eau qui déborderait soit rejetée loin de la façade. La gouttière devrait présenter une pente d'au moins 2 % en direction des descentes. Comme les gouttières, et notamment celles en métal, se dilatent ou se rétractent sous l'effet des variations de température, leur longueur ne devrait pas dépasser 15 m. Les différents éléments de gouttière sont raccordés par des besaces de dilatation, les extrémités de la gouttière étant fermées par des talons (ou fonds).

Tuyaux de descente

Les gouttières sont dotées de pièces de forme spéciale appelées naissances, auxquelles les tuyaux de descente sont raccordés par des coudes. Composées d'éléments emboîtés les uns dans les autres au moyen de manchons d'étanchéité ou de raccordement, les descentes sont maintenues le long du mur par des colliers fixés avec des tire-fonds à bourrer ou à visser. Pour éviter que le mur ne s'imbibe en cas de dommage, on veillera à maintenir entre mur et descente une distance d'au moins 20 mm.

Les gouttières et les descentes peuvent être de section polygonale ou arrondie, et se composer de divers matériaux. À cet égard, il s'agit d'éviter que les matériaux employés ne développent des interactions de type corrosion, et qu'ils ne génèrent des contraintes mécaniques du fait de leur différence de comportement en dilatation. Ainsi les gouttières et descentes en cuivre ne peuvent-elles être montées qu'avec des crochets et des colliers en acier revêtus de cuivre. Pour les gouttières en aluminium, il est recommandé d'utiliser des crochets en acier zingué ou en aluminium, et pour les gouttières en zinc ou en acier zingué des crochets en acier zingué. Les gouttières et descentes en PVC peuvent être fixées avec des crochets et des colliers en acier zingué ou enrobés de plastique.

Il est recommandé, à titre de mesure complémentaire, de poser sur les gouttières des grilles empêchant les feuilles mortes de boucher les conduits. Se présentant comme de longs treillis convexes, de telles grilles sont faciles à réaliser et rallongent les intervalles de nettoyage. Dans le cas de constructions délicates – par exemple une émergence attenante à une gouttière encastrée –, on pourra prévoir un système de chauffage pour gouttières, garantissant un bon écoulement des eaux même en cas de neige.

\\ Remarque :
Dans les régions à pluviosité plus forte ou plus faible, les autorités locales peuvent prescrire d'autres valeurs que celles indiquées ici. Pour les gouttières encastrées, on prévoira, par mesure de sécurité, une majoration de 100 %.

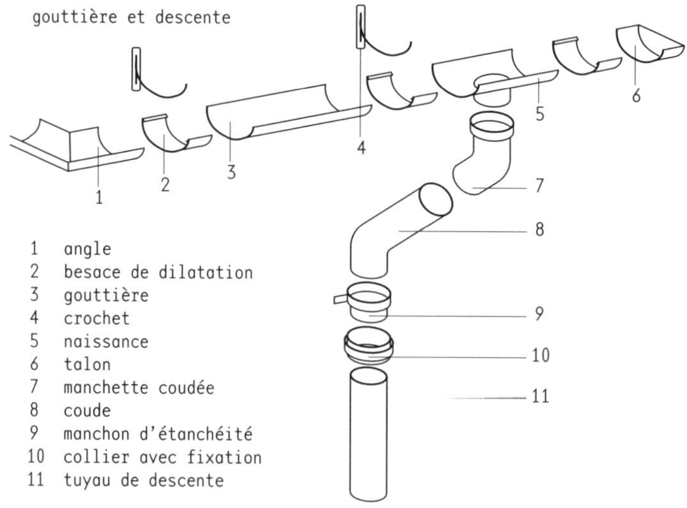

Ill. 34:
Éléments d'une gouttière pendante avec descente

Gouttières encastrées

À la différence des gouttières pendantes, accrochées à l'égout, les gouttières encastrées se situent au-dessus du plancher ou de la dalle d'étage. › voir ill. 33, photo de gauche On recourt à une telle exécution lorsqu'une gouttière en saillie n'est pas souhaitée ou pas autorisée. Pour empêcher l'eau de pénétrer dans le bâtiment en cas de fuite, on pose en double fond un second chéneau, pouvant par exemple consister en une bande d'étanchéité appliquée sous la gouttière en métal ou en plastique. Il s'agit en outre de prévoir une gargouille faisant office de dégorgeoir de secours. › voir ill. 44

\\Remarque :
Dans les plans d'exécution, il convient d'accorder une attention particulière aux différentes unités de mesure. Les dimensions des bâtiments et la longueur des éléments de charpente sont en général indiquées en mètres, éventuellement en centimètres si les dimensions en question sont petites. Aussi les lignes de cotes seront-elles établies en mètres ou en centimètres, les sections des pièces étant, elles, indiquées en centimètres. Les éléments en acier constituent ici une exception, toutes leurs dimensions étant en effet indiquées en millimètres.

REPRÉSENTATION GRAPHIQUE

Les bâtiments sont représentés graphiquement par des plans, des coupes, des élévations et des détails. Comme un dessin en plan consiste en une coupe horizontale imaginaire, où ne sont représentés que les éléments situés en dessous du plan de coupe (généralement situé à une hauteur de 1 m à 1,50 m du sol fini de l'étage en question), cet outil ne permet en principe pas de décrire de façon suffisante la construction d'une toiture inclinée.

Plan de charpente

Pour y remédier, on dessine un plan supplémentaire, appelé plan de charpente, qui montre tous les éléments de la charpente en projection verticale. Couverture, étanchéité, revêtements intérieurs, etc., n'y sont par contre pas représentés. Ce plan sert aux charpentiers de plan d'exécution. Pour définir la position de la charpente par rapport au bâtiment qu'elle couvre, il convient de représenter également le dernier plancher d'étage (élément visible figuré en lignes continues) et les murs sous-jacents (éléments cachés figurés en pointillés), et de les inclure dans la cotation du plan. Les éléments cachés par les chevrons, tels que poteaux, contrefiches ou liens, sont dessinés en pointillés. Bien qu'étant aussi des pièces en bois, les lattes et contre-lattes ne sont pas représentées, parce que ce ne sont pas les charpentiers, mais les couvreurs qui les posent. À chaque élément de la charpente est attribué un numéro de référence, habituellement inscrit dans le plan sous la forme d'un nombre entouré d'un cercle, et désignant l'élément correspondant par un trait ou une flèche. Les éléments sont ensuite décrits dans une légende, comportant des indications relatives aux dimensions (largeur x hauteur des sections), à la classe de qualité du bois et aux modalités de montage et de raccord des pièces. Ces dernières sont dimensionnées par l'architecte ou l'ingénieur structure. Outre le plan de charpente, il convient de réaliser pour le faîte, l'égout, les rives, les percements, les ouvertures et toutes les autres situations particulières, des plans de détail représentant l'ensemble des couches de construction.

\\ Remarque :
Pour préciser la dimension des pièces de bois, on indique en général la largeur et la hauteur de leur section. Ainsi l'indication 10/12 désigne-t-elle une poutre dont la section rectangulaire mesure 10 cm x 12 cm. On parle de «dix sur douze». Les pièces de section circulaire sont désignées par leur diamètre, les éléments en acier par le nom du produit ou du profilé correspondant (par exemple HEA 120, U 100, etc.). La longueur et la position des éléments sont déterminées par les lignes de cotes du plan de charpente.

\\ Remarque :
On trouvera de plus amples informations sur les questions de représentation graphique in Bert Bielefeld et Isabella Skiba, *Basics Dessin technique*, Birkhäuser, Bâle 2007.

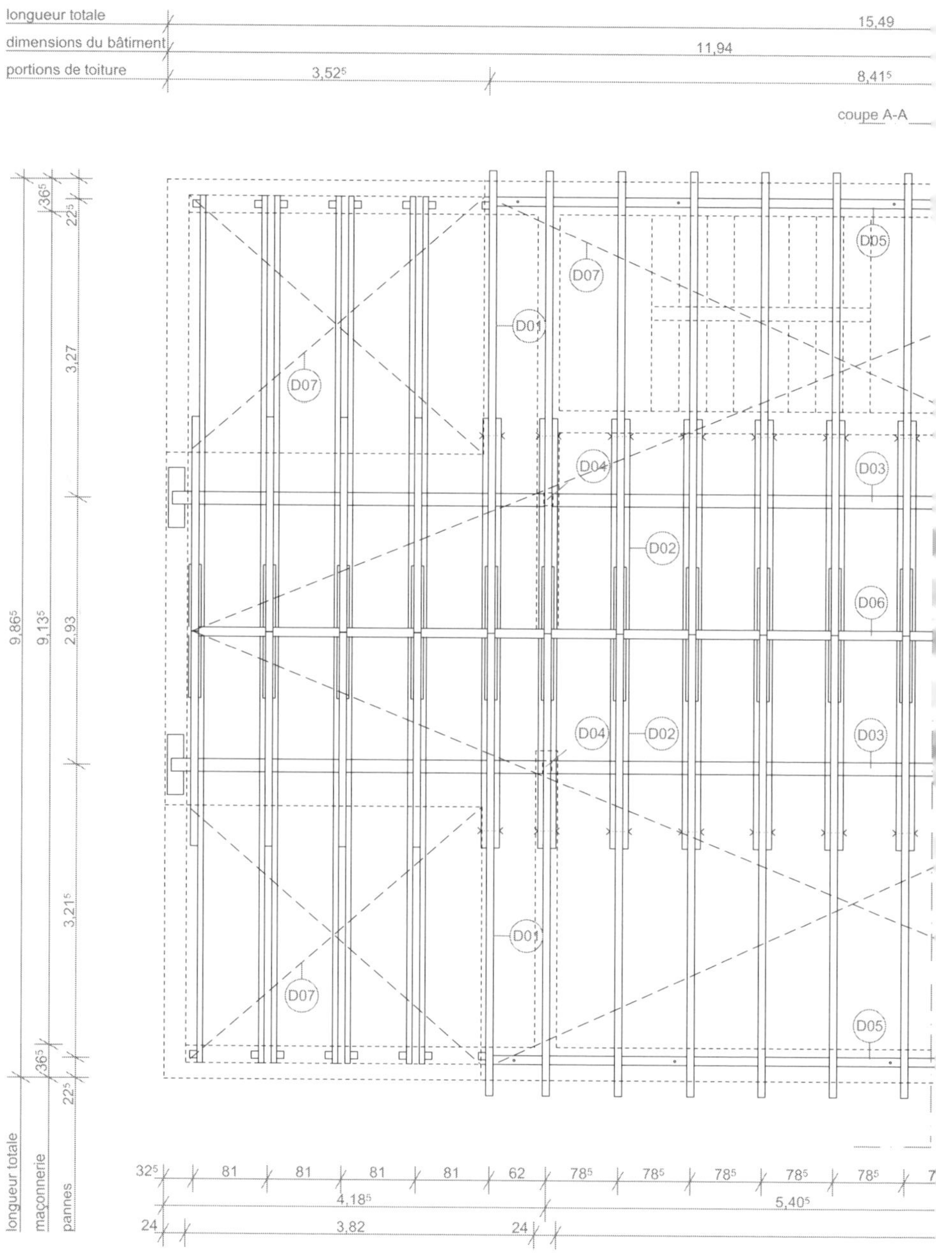

Ill.35:
Plan de charpente (dessin en plan)

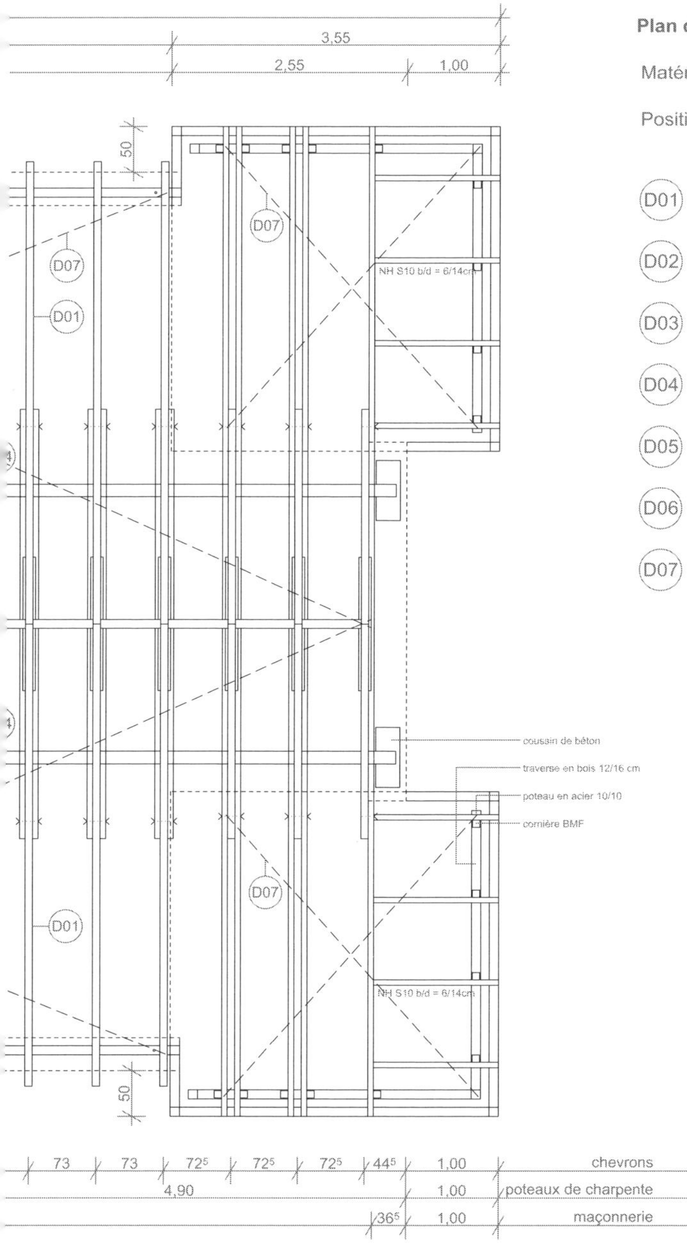

Plan de charpente

Matériau: bois résineux S10

Position:

D01 chevron
b/d = 8/20cm, e<83cm

D02 faux-entrait
2 x b/d = 6/14cm

D03 panne intermédiaire
b/d = 16/28cm

D04 poteau de charpente
b/d = 16/18cm

D05 panne sablière
b/d = 12/10cm

D06 poutre de faîte
b/d = 10/10cm

D07 contrevent, cloué
2 tire-fonds à bourrer par croisement avec chevron

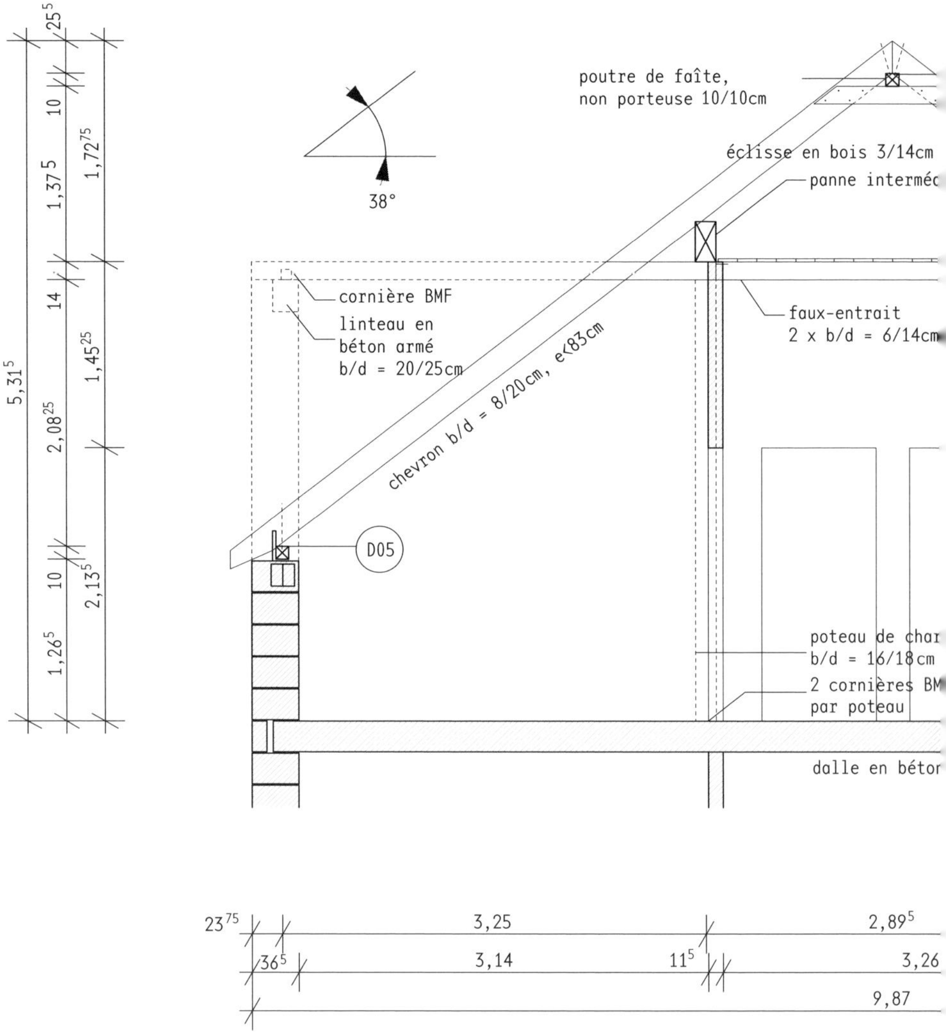

Ill.36:
Plan de charpente (dessin en coupe)

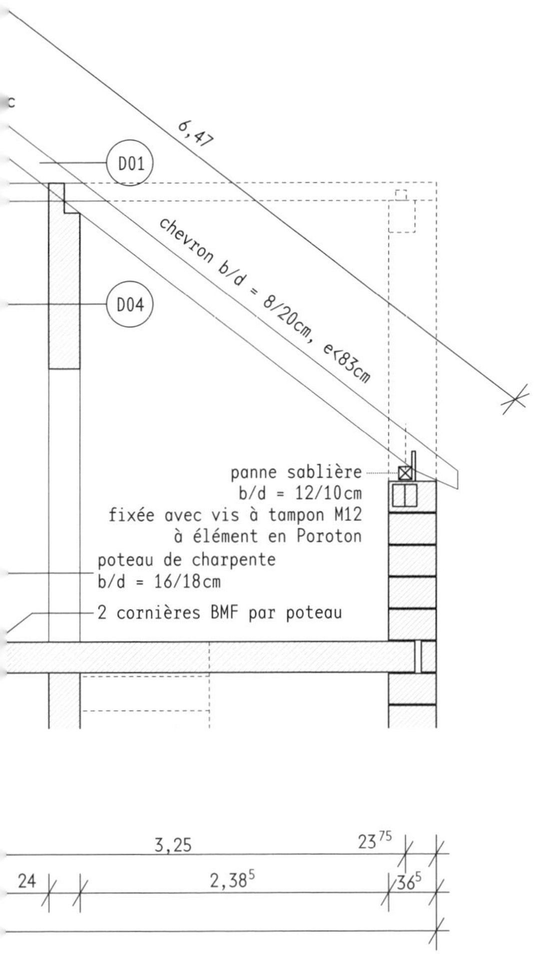

Coupe A-A

Matériau: bois résineux S10

Position:

- D01 chevron
  b/d = 8/20cm, e<83cm
- D02 faux-entrait
  2 x b/d = 6/14cm
- D03 panne intermédiaire
  b/d = 16/28cm
- D04 poteau de charpente
  b/d = 16/18cm
- D05 panne sablière
  b/d = 12/10cm
- D06 poutre de faîte
  b/d = 10/10cm
- D07 contrevent, cloué
  2 tire-fonds à bourrer par croisement avec chevron

Tab. 7:
Tableau synoptique des éléments de charpente pour toitures inclinées

Élément	**Schéma**	**Remarque**	**Dimensions courantes dans le cas de toitures moyennes**
Coyau	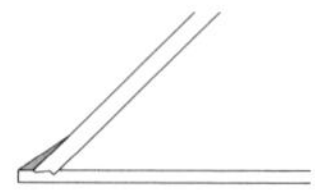	dans les charpentes à chevrons	8/12–10/22
Solive	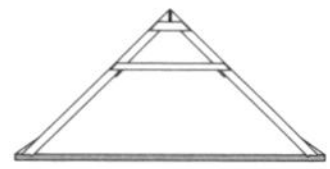	dans les charpentes à chevrons	12/12–14/14
Panne faîtière	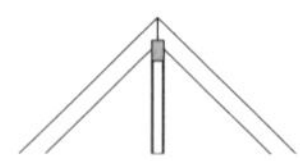	sur murs ou poteaux	14/16–16/22
Panne sablière	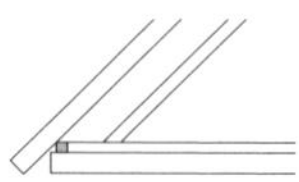	sur plancher ou mur extérieur	10/10–14/16
Faux-entrait	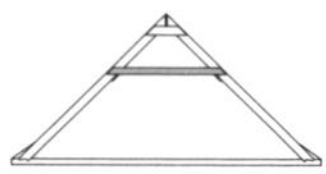	la plupart du temps moisé	8/14–10/20
Noulet	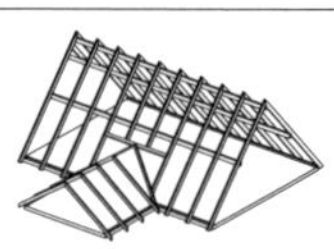	forme l'arête d'un angle rentrant	8/14–8/22
Renfort d'assemblage	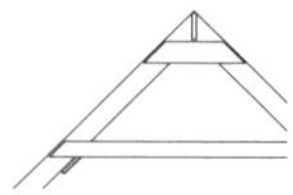	au niveau des moises	
Lien	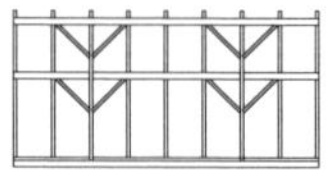	sert au contreventement des poteaux dans le sens longitudinal	10/10–10/12
Panne intermédiaire	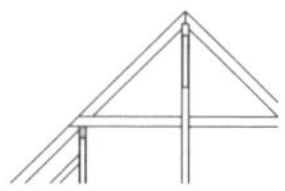	sous les chevrons	12/20–14/20

Tab.7:
Tableau synoptique des éléments de charpente pour toitures inclinées (suite)

Élément	**Schéma**	**Remarque**	**Dimensions courantes dans le cas de toitures moyennes**
Poteau	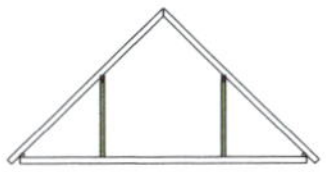	porte les pannes	12/12–14/14
Bois de faîtage	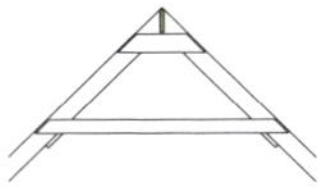	facilite le montage	épaisseur dès 22 mm
Chevron	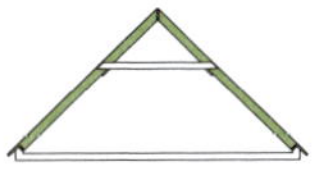	porte la couverture	8/14–8/22
Contrefiche	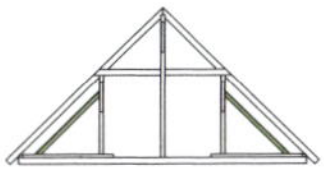	sert au contre-ventement transversal	14/16
Débord	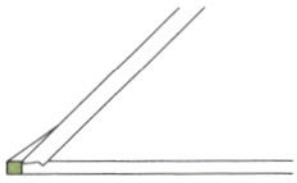	dans les char-pentes à chevrons	longueur = 20 cm
Chevêtre		au niveau des trémies	8/14–8/22
Contrevent	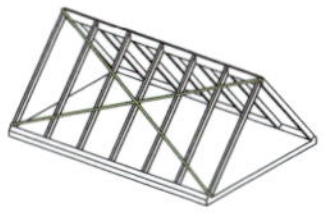	assure le contre-ventement longitudinal	en acier plat
Moise	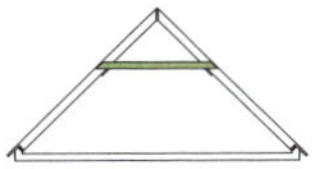	couple de pièces assurant le contreventement horizontal	6/14–8/16

TOITURES PLATES

GÉNÉRALITÉS

On parle de toiture plate lorsque l'inclinaison du toit est inférieure à 5°. Les constructions de toitures plates conviennent cependant aussi pour les toits faiblement inclinés (c'est-à-dire dont l'inclinaison va jusqu'à 25°), pour autant toutefois que les éléments de la construction ne risquent pas de glisser. Alors que la couche supérieure d'une toiture inclinée est constituée par la couverture, elle est formée, dans le cas d'une toiture plate, par l'étanchéité et sa protection. On peut réaliser des toits plats praticables, utilisables comme terrasses, aires de stationnement, supports d'installations de ventilation ou autres. Il convient d'apporter un grand soin à l'aménagement de la surface de la toiture, car vue depuis les immeubles voisins, celle-ci constitue en quelque sorte la cinquième façade du bâtiment, dont elle contribue à déterminer l'aspect. À l'instar des toitures inclinées, les toitures plates sont soumises à de multiples exigences. Ainsi doivent-elles non seulement protéger le bâtiment de l'humidité, des précipitations, de la chaleur, du froid et du vent, mais aussi transmettre à la structure sous-jacente leur poids propre, les charges mobiles et celles dues à la neige et au vent. Parmi ces dernières, la succion revêt ici une importance particulière, car la plupart des matériaux d'étanchéité sont légers, et doivent donc être assurés contre le soulèvement ou d'autres mouvements mécaniques.

Les toits plats peuvent être conçus avec ou sans avant-toits. Les rebords verticaux qui délimitent les toits sans saillie sont appelés acrotères. C'est à ce niveau que l'isolation et l'étanchéité des murs rejoignent celles de la toiture. Les tuyaux de descente étant en général situés à l'intérieur du bâtiment, il s'agit de ramener les eaux pluviales depuis les bords du toit vers les écoulements, une pente d'au moins 2 % étant ici requise.

COUCHES DE CONSTRUCTION

Les toitures plates peuvent se composer de diverses couches assumant des fonctions spécifiques, qu'il s'agit d'harmoniser les unes avec les autres. On veillera en particulier à ce que leur succession offre une protection thermique et phonique suffisante.

\\ Remarque :
Pour certains types de bâtiments, la justification de la protection thermique et phonique de l'ensemble du bâtiment fait partie intégrante de la demande de permis de construire à déposer auprès de l'autorité compétente.

L'humidité s'étant produite ou infiltrée dans la construction (humidité provenant de la construction elle-même, eau de condensation, etc.) doit pouvoir s'échapper à l'air libre. Quant aux différents matériaux mis en œuvre, ils doivent être compatibles entre eux.

Support

La couche située sous l'étanchéité est appelée support. Il peut s'agir aussi bien de la structure porteuse – c'est-à-dire, par exemple, d'une surface en béton – que d'un lambrissage ou de l'isolation thermique. On veillera à ce que l'étanchéité choisie soit en adéquation avec le support, de manière à éviter, par exemple, des fissures dues à des dilatations différentielles. En cas de recours à des éléments préfabriqués, les joints devront être recouverts par des bandes de séparation d'au moins 20 cm de largeur.

Pont d'adhérence

L'adhérence de certaines couches de la construction peut être améliorée par des ponts d'adhérence. Il s'agit là de fonds ou de couches d'apprêt composés, par exemple, de solutions ou d'émulsions bitumineuses. Les ponts d'adhérence sont étendus à la brosse, appliqués au rouleau ou projetés sur le support après nettoyage de ce dernier.

Couche d'égalisation

Lorsqu'une couche de construction présente des inégalités ou des aspérités, il peut se révéler nécessaire de la recouvrir d'une couche d'égalisation. Composées de lés de bitume, de nattes en mousse ou de non-tissés de verre ou synthétiques, de telles couches créent une surface lisse en compensant les défauts de planéité des matériaux mis en œuvre. Elles peuvent être posées librement ou collées ponctuellement.

Couche de séparation

Pour permettre à deux couches de construction n'ayant pas le même comportement en dilatation de bouger librement, on pose entre elles une couche dite de séparation. Composées des mêmes matériaux que les couches d'égalisation, les couches de séparation peuvent aussi être utilisées lorsque deux matériaux sont chimiquement incompatibles.

Pare-vapeur

Les pare-vapeur (ou barrières de vapeur) ont pour fonction de réguler le transport d'humidité à l'intérieur d'un élément de construction donné. › voir chap. Toitures inclinées, Couches de construction Ils ne sont pas imperméables, mais entravent la diffusion de la vapeur d'eau. Le coefficient de résistance à la diffusion du pare-vapeur indique la quantité de vapeur d'eau qu'il laisse passer. Souvent composés de lés de bitume, de feuilles pare-vapeur synthétiques, de lés élastomères ou de feuilles multicouches, les pare-vapeur peuvent être posés librement ou collés ponctuellement. Les raccords entre les différents lés se font par collage en pleine surface. Au niveau des rives du toit et des traversées, le pare-vapeur doit être relevé jusqu'au bord supérieur de l'isolation et y être fixé. Les pare-vapeur peuvent aussi contribuer à assurer l'étanchéité à l'air de la toiture.

Isolation thermique

Le rôle de l'isolation thermique consiste à empêcher les déperditions de chaleur en hiver, et à éviter les situations de surchauffe en été (protection thermique estivale). On peut utiliser comme matériaux isolants de la mousse à particules de polystyrène expansé (EPS), de la mousse de polysty-

\\ Remarque :
Toutes les surfaces de toiture doivent présenter une pente d'au moins 2% en direction des écoulements. Si la structure elle-même est tout à fait horizontale, la pente pourra être réalisée au moyen d'une isolation à pente intégrée ou d'une chape de pente posée sur la dalle avec une couche de séparation. Le choix de l'une ou l'autre solution se fera en fonction des coûts de mise en oeuvre, mais aussi du poids de la chape et des hauteurs disponibles pour l'isolation.

\\ Astuce :
Lorsque la pente est réalisée au moyen de coins d'isolation et que le toit est rectangulaire, les différents pans d'isolation se rencontrent à 45°, leurs lignes de jonction formant des noues. Or pour que les noues présentent elles-mêmes une pente de 2%, celle des coins doit être de 3% !

rène extrudé (XPS), de la mousse rigide en polyuréthane (PUR), des isolants en fibres minérales (FMA), du verre cellulaire (CG), du liège (ICB), des isolants en fibres de bois ou des produits minéraux expansés bitumés à déverser en vrac. Si l'isolation se situe au-dessus de l'étanchéité, on veillera à ce qu'aucune des couches suivantes n'entrave la diffusion de la vapeur d'eau, de sorte que l'humidité qui serait parvenue dans l'isolation puisse s'échapper. L'isolation thermique peut aussi être utilisée pour ménager la pente nécessaire à l'évacuation des eaux pluviales. On parle dans ce cas d'isolation à pente intégrée, les différents éléments, appelés coins, étant livrés dans la forme voulue.

Les isolants en plaques devraient être posés à joints serrés et décalés, les éléments d'isolation étant la plupart du temps collés sur le support et entre eux.

Couche de détente

Pour répartir la pression de la vapeur d'eau sous l'étanchéité, on pose une couche dite de détente, aussi appelée couche de compensation de pression de vapeur. De telles couches peuvent, comme les pare-vapeur, se composer de lés de bitume, de feuilles en matière synthétique, de lés élastomères ou de feuilles multicouches. Elles sont posées librement ou collées ponctuellement.

Étanchéité

Comme son nom l'indique, l'étanchéité constitue, dans la construction de la toiture, la couche étanche à l'eau. Constituée de lés de bitume, de feuilles plastique ou élastomères ou d'une étanchéité liquide, elle forme une surface imperméable. Les étanchéités en lés de bitume doivent se composer d'au moins deux couches. Elles doivent être posées à joints décalés, avec des recouvrements d'au moins 80 mm collés en pleine surface. Les étanchéités en feuilles plastique ou élastomères sont exécutées en monocouche, avec un recouvrement d'au moins 40 mm. Les étanchéités liquides, considérées comme monocouche, sont à étendre en pleine adhérence sur la totalité de la surface. Lorsque le support de l'étanchéité présente des

Ill.37:
Revêtements de toitures plates

joints non obturés, ce qui est par exemple le cas d'une isolation en plaques ou d'un lambrissage, une couche de séparation est nécessaire. L'étanchéité doit avoir une épaisseur d'au moins 1,5 mm, celle-ci devant s'élever à 2 mm au minimum lorsque la toiture est praticable.

Couche de protection/ couche filtrante

Pour protéger l'étanchéité des sollicitations mécaniques ou empêcher l'infiltration de particules provenant des couches de construction supérieures, on peut prévoir une couche de protection ou couche filtrante, se composant par exemple de membranes en PVC hautement résistantes à la perforation, de granulats de caoutchouc ou synthétiques, de nattes de drainage ou de plaques en mousse de polystyrène extrudé.

Protection rapportée

Les toitures nues modernes sont exécutées en monocouche, les lés d'étanchéité étant fixés sur la sous-construction soit ponctuellement, soit au moyen de tasseaux collés après coup. On utilise d'ordinaire des matériaux clairs, de manière à minimiser les dilatations provoquées par le rayonnement solaire. Du fait de leurs propriétés, ces étanchéités offrent une protection suffisante contre les UV. Aussi ne requièrent-elles aucune couche de protection rapportée, ce qui limite le poids propre de la toiture, et donc les dimensions de la structure.

Lorsque l'étanchéité n'offre par contre pas de protection suffisante contre les UV, ou qu'elle est exposée à la succion due au vent ou à d'autres sollicitations mécaniques, une couche de protection supplémentaire est de rigueur. Selon les sollicitations subies, on pourra poser des lés de bitume dotés d'une protection dite légère, mise en œuvre par saupoudrage. Ici, des paillettes d'ardoise sont incrustées dans une masse de bitume polymère appliquée à froid sur les lés de bitume. Les couches de protection en gravier, qualifiées de lourdes, devraient quant à elles présenter une épaisseur d'au moins 50 mm, le poids des gravillons devant ici empêcher le vent de soulever par succion les lés d'étanchéité non fixés. Dans le cas d'une protection composée de paillettes ou de gravier, on veillera à ce que le vent ne puisse pas déplacer les grains, en les choisissant suffisamment grands. Lorsque la surface du toit est très exposée au vent, il est recommandé de recourir à un dallage.

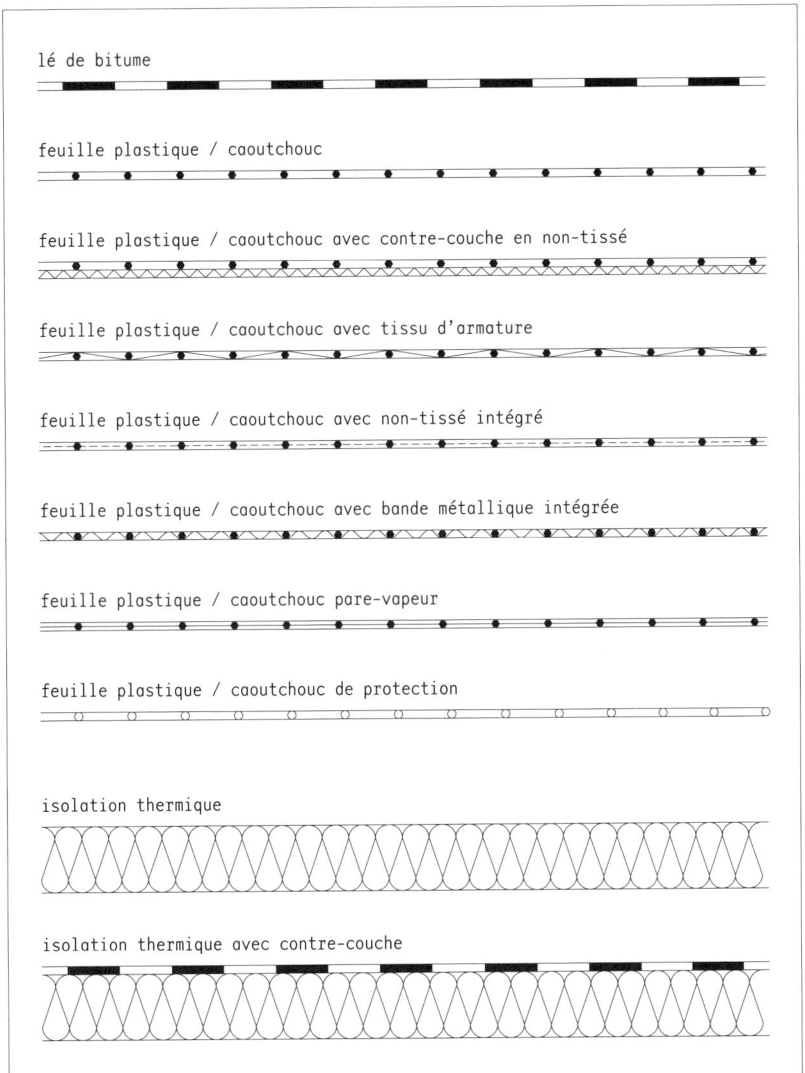

Ill.38:
Représentation graphique des couches de construction des toitures plates

Revêtements praticables

Les revêtements praticables peuvent, eux aussi, faire office de protection rapportée. On utilisera dans ce cas une isolation thermique résistante à la compression, et on veillera à ce que l'étanchéité soit assez protégée contre les sollicitations mécaniques.

Dans le cas d'un dallage à joints obturés ou d'un revêtement tout à fait étanche, on ménagera une pente de 1 % au minimum. La véritable couche imperméable reste toutefois l'étanchéité, dont la capacité d'évacuer les eaux pluviales doit de ce fait être garantie. Le dallage choisi devra résister au gel. Le revêtement pouvant s'échauffer fortement, il est nécessaire d'y ménager des joints de dilatation. On veillera à ce que les dalles de rive soient assez éloignées des relevés d'étanchéité pour ne pas risquer de les endommager. Les revêtements praticables peuvent se composer de dallettes de petit format posées sur un lit de mortier d'environ 4 cm d'épaisseur, lui-même appliqué sur une natte à pastilles ou sur une couche drainante. Si les dalles sont plus grandes, il est recommandé de les poser sur des appuis ponctuels. Il existe pour cela des plots réglables en hauteur, à même de compenser les inégalités éventuelles. Pour éviter que l'étanchéité ne soit transpercée par les plots, il convient d'utiliser un isolant thermique résistant à la compression, par exemple du verre cellulaire. Une méthode plus simple consiste à poser les coins des dalles sur de petits sacs en plastique remplis de mortier frais, ce qui permet une mise en place correcte des dalles sans que le mortier soit entièrement comprimé, tout en maintenant un vide entre revêtement et étanchéité. Quant aux dalles de grand format, il convient, pour que leur poids soit bien réparti, de les poser sur un lit de gravier d'environ 5 cm d'épaisseur, devant permettre aux eaux pluviales de s'écouler librement.

Végétalisation

La protection superficielle de la toiture peut par ailleurs se composer d'éléments végétaux. On distingue, en fonction de l'épaisseur de la couche correspondante et du type de plantation choisi, entre végétalisation extensive et intensive. La surcharge correspondante doit bien sûr être prise en compte dans le dimensionnement de la construction. On veillera en outre à ce que l'étanchéité soit résistante à la pénétration des racines, faute de quoi il s'agira de prévoir une couche de protection ad hoc. En cas de végétalisation intensive, on pourra renoncer à la pente, pour garantir aux plantes une irrigation suffisante. Encore faudra-t-il toutefois s'assurer que l'eau ne puisse, en cas de dommage, traverser toute la construction. Afin d'être mieux à même de localiser les éventuelles fuites, on collera les différentes couches d'étanchéité entre elles, et l'on subdivisera cette dernière, par des cloisons, en plusieurs compartiments disposant chacun de son propre dispositif d'évacuation des eaux pluviales.

MODES D'EXÉCUTION

Dans le cas des toitures plates, on distingue trois principes de construction ou de superposition des couches.

Toiture non ventilée

La toiture non ventilée (aussi appelée toiture chaude) se caractérise par le fait que l'étanchéité se situe tout à l'extérieur, et que l'isolation thermique se trouve par conséquent du côté «sec». Dans le cas d'une toiture

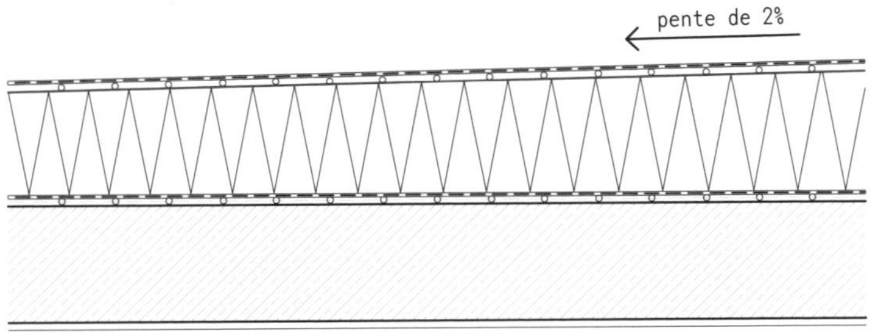

étanchéité monocouche
couche de détente
plaque d'isolation thermique à pente intégrée
pare-vapeur
couche d'égalisation
couche d'apprêt
dalle en béton armé

Ill.39:
Toiture non ventilée

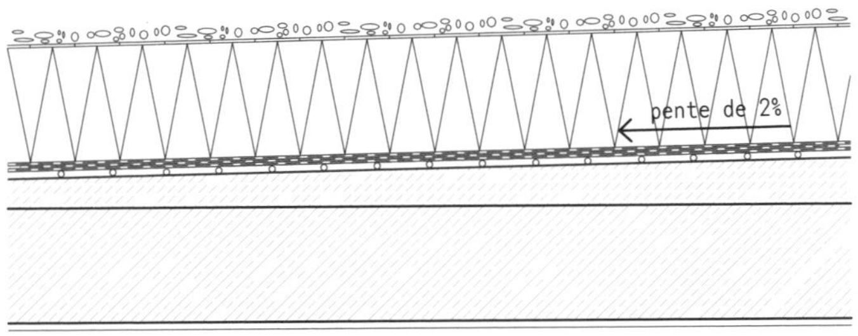

protection rapportée, gravier, min. 5 cm, granulométrie 16–32
couche filtrante
isolation thermique hydrofuge et résistante à la compression
étanchéité tricouche
couche d'égalisation
chape de pente
dalle en béton armé

Ill.40:
Toiture inversée

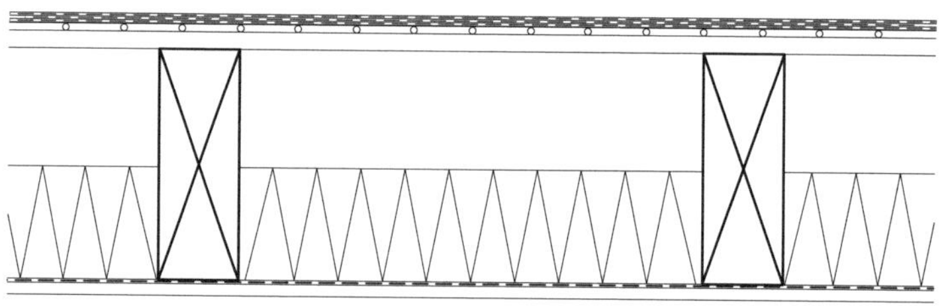

étanchéité tricouche
couche d'égalisation
lambrissage 22 mm
vide de ventilation, min. 15 cm
isolation thermique
poutres
pare-vapeur
plaques de placoplâtre

Ill.41:
Toiture ventilée

non ventilée typique, on prépare la surface de la structure – qui peut être une dalle en béton armé, une charpente en acier ou un plancher en bois – en y appliquant une couche d'apprêt, sur laquelle sont posés une couche d'égalisation et le pare-vapeur. L'isolation se compose de plaques à pente intégrée résistantes à la compression, toutes les parties de la toiture devant impérativement présenter une pente d'au moins 2 % (idéalement 3 %) en direction d'un écoulement ou d'un chéneau. L'isolation sert de support à une couche de détente, sur laquelle est appliquée l'étanchéité mono- ou multicouche. Selon l'étanchéité choisie, il sera nécessaire de prévoir une protection rapportée.

Toiture inversée

Le second principe d'agencement des couches est celui de la toiture inversée (aussi appelée toiture à membrane protégée), où l'isolation est appliquée sur l'étanchéité, et doit donc se composer d'un matériau hydrofuge. Ici, on pose sur la structure une chape de pente d'au moins 2 %, recouverte d'une couche d'égalisation. Vient ensuite l'étanchéité, sur laquelle les eaux pluviales ruissellent dans le sens de la pente. L'isolation thermique, composée de plaques sans pente intégrée, sert de support à une couche filtrante, empêchant que des particules provenant de la protection rapportée ne s'infiltrent entre les plaques d'isolation.

Toiture ventilée

Le troisième mode d'exécution envisageable est celui de la toiture ventilée (ou toiture froide), auquel on recourt souvent dans le cas de constructions en bois. Ici, la sous-face du dernier plafond est constituée d'un revêtement de plaques de placoplâtre ou de panneaux en aggloméré, sur lequel est appliqué un pare-vapeur. L'isolation, pouvant se composer d'une seule couche, est posée entre les poutres, où doit être également ménagé, au-dessus de l'isolation, un vide de ventilation d'au moins 15 cm. Sur les poutres est ensuite posé un revêtement composé de panneaux en aggloméré, de planches brutes ou autres, servant lui-même de support à une couche d'égalisation et à l'étanchéité multicouche, ainsi qu'à une éventuelle protection rapportée.

RACCORDS D'ÉTANCHÉITÉ

Pour empêcher l'eau de pénétrer par rejaillissement ou accumulation dans les éléments de toiture émergents, il faut faire remonter l'étanchéité le long de ces derniers. Les émergences peuvent être des corps de bâtiment surélevés, des superstructures d'ascenseurs, des cheminées ou des locaux techniques. Les mêmes principes d'étanchéification s'appliquent cependant aussi aux fenêtres et aux portes. Lorsque l'inclinaison de la toiture est inférieure à 5°, l'étanchéité doit être relevée et fixée à l'élément émergent sur au moins 15 cm à partir du bord supérieur de la construction, qu'il s'agisse ici de l'étanchéité elle-même, d'une couche de gravier ou d'un revêtement praticable. En cas d'inclinaison supérieure à 5°, les relevés d'étanchéité doivent se monter à 10 cm au minimum.

Les portes de terrasses ou de balcons sont sources de difficultés particulières. Faire remonter l'étanchéité de 15 cm au-dessus du revêtement fini implique en effet la création d'une marche entre espace intérieur et extérieur. Or si la dalle brute présente dans la plupart des cas la même hauteur à l'intérieur et à l'extérieur, la construction thermiquement isolée de la terrasse est bien plus épaisse que celle du plancher intérieur corres-

\\ Remarque :
Par «émergences», on désigne des éléments – murs, poteaux, etc. – dressés sur la toiture, contre lesquels vient buter l'étanchéité. Pour éviter que de l'eau de pluie, de rejaillissement ou de condensation ne s'infiltre ici sous l'étanchéité, celle-ci doit être relevée et fixée par des moyens appropriés.

pondant, ce qui accroît encore la différence de niveau. Pour garantir un accès aisé à la terrasse, il est possible de limiter la hauteur des relevés d'étanchéité à 5 cm, à condition toutefois de s'assurer que l'eau ne puisse pas pénétrer sous l'étanchéité, même en cas de neige ou d'accumulation des eaux pluviales. Pour ce faire, on placera devant la porte un écoulement ou, à défaut, un caillebotis ou un chéneau. Si le bâtiment doit répondre aux exigences de la «construction sans obstacle» – ce qui est le cas de nombreux édifices publics –, il se peut que des portes sans seuil soient de rigueur. Il s'agit là de constructions spéciales, nécessitant des mesures supplémentaires, comme la réalisation d'un avant-toit protégeant la porte du rejaillissement, la pose d'un chéneau chauffé directement raccordé au système d'évacuation des eaux pluviales, ou le collage en plein des couches de la construction.

La fixation de l'étanchéité et des éventuelles couches de séparation peut se faire au moyen de bandes de serrage vissées aux éléments émergents, les étanchéités en feuilles plastique pouvant aussi être collées sur des tablettes métalliques. Au niveau des joints de séparation entre immeubles, on évitera les contraintes mécaniques en dotant également de joints les bandes de serrage. Pour masquer les relevés d'étanchéité, on pourra fixer aux bandes de serrage des tôles pliées à vive arête descendant jusqu'au niveau du revêtement, en s'assurant toutefois que celles-ci ne puissent pas causer de dommages mécaniques à l'étanchéité. En présence d'une façade rideau, on tirera l'étanchéité jusque derrière la façade, tout en veillant à ce qu'elle reste facilement accessible en cas de dégâts.

On prendra par ailleurs garde à ce que les éléments émergents présentent la résistance au feu requise, mais aussi à ce que le feu ne puisse se propager aux émergences par d'éventuelles ouvertures ménagées dans la toiture, par exemple des coupoles d'éclairage. Pour ce faire, on maintiendra entre ouvertures et émergences une distance d'au moins 5 m.

EXÉCUTION DES RIVES

Dalle en saillie

Au point d'intersection avec la façade, une toiture plate peut soit faire saillie horizontalement, soit présenter un rebord vertical. Aujourd'hui, les toitures plates se terminent d'ordinaire par des acrotères ou des profilés de rive. Les toitures plates en saillie sont d'une exécution plus délicate, dans la mesure où leurs couches d'étanchéité et d'isolation ne peuvent pas rejoindre directement celles du mur de façade. Pour que l'enveloppe du bâtiment ne présente aucun pont thermique, la dalle en saillie devrait être entièrement emballée dans de l'isolation, ce qui lui conférerait une épaisseur quelque peu disproportionnée. Une autre solution consiste à appliquer l'isolation à l'intérieur, contre la sous-face de la dalle. Cette exécution n'est toutefois pas idéale non plus, car l'isolation de la toiture est ici coupée de celle du mur. La dalle se trouvant en outre directement

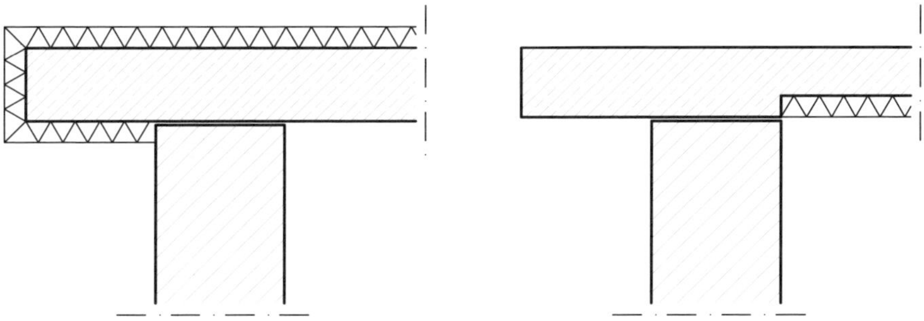

Ill.42:
Isolation thermique des dalles en saillie

exposée aux variations de température, elle ne se dilatera pas de la même manière que les murs et piliers sous-jacents, ce qui pourra générer des contraintes au niveau des raccords, et provoquer des fissures dans la structure ou la façade. Néanmoins, cette méthode est souvent employée lorsqu'il s'agit d'isoler des bâtiments existants, éventuellement protégés, sans altérer l'aspect de leurs façades d'origine.

Acrotère/
profilé de rive

Lorsque la toiture se termine par un rebord vertical, l'étanchéité y est raccordée comme à un élément émergent. Le relevé d'étanchéité doit dépasser la surface du toit d'au moins 10 cm, le niveau de référence étant, ici encore, le bord supérieur de l'étanchéité, de la couche de gravier ou du revêtement praticable. Les rebords peuvent être constitués soit d'acrotères en béton armé, maçonnerie ou autres, soit de profilés de rive fixés à des madriers rectangulaires en principe situés dans le plan de l'isolation. Le profilé de rive fait retour et recouvre en partie la façade. Dans le cas d'un acrotère, cette fonction de protection est en général assumée par une couvertine en tôle, mais il existe aussi des couronnements préfabriqués en pierre ou en béton. Le recouvrement à observer dépend de la hauteur du bâtiment, la rive du toit étant soumise à des vents d'autant plus forts que l'édifice est élevé. › voir tab.8 Quant à la saillie de la couvertine par rapport à la façade, elle devrait mesurer environ 2 cm, et former un larmier empêchant l'eau de pluie de s'infiltrer derrière la tôle.

exécution avec acrotère | exécution avec profilé de rive

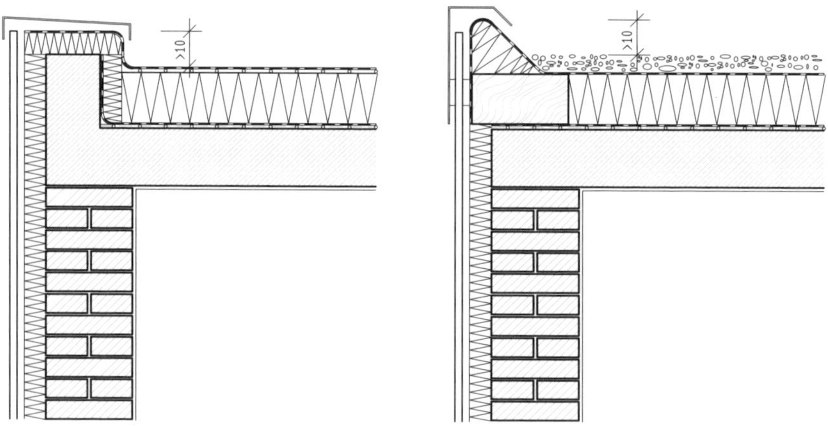

exécution avec acrotère

construction de la toiture	construction du mur
étanchéité monocouche	plaques de revêtement
couche de détente	lame d'air
isolation thermique	isolation thermique
pare-vapeur	maçonnerie en briques
couche d'égalisation	silico-calcaires
couche d'apprêt	
dalle en béton armé	

exécution avec profilé de rive

construction de la toiture	construction du mur
couche de gravier	plaques de revêtement
étanchéité monocouche	lame d'air
couche de détente	isolation thermique
isolation thermique	maçonnerie en briques
pare-vapeur	silico-calcaires
couche d'égalisation	
couche d'apprêt	
dalle en béton armé	

Ill.43:
Exécution des rives avec acrotère et profilé de rive

Tab.8:
Retour des garnitures d'acrotère au-dessus de la façade

Hauteur du bâtiment	Recouvrement
<8 m	5 cm
8–20 m	8 cm
>20 m	10 cm

ÉVACUATION DES EAUX PLUVIALES

Dans le cas des toitures plates, l'évacuation des eaux pluviales se fait la plupart du temps par l'intérieur, les tuyaux de descente rejoignant ici les canalisations enfouies dans le sol de fondation en traversant le bâtiment. Chaque surface de toiture doit être dotée, au minimum, d'un écoulement et d'un dégorgeoir de secours. Le dimensionnement des descentes s'effectue selon les mêmes modalités que dans le cas des toitures inclinées. › **voir chap. Toitures inclinées, Évacuation des eaux pluviales**

Pente

Comme il n'est jamais possible de produire une surface absolument plane, il s'agit, pour empêcher la formation de flaques, de réaliser au moyen d'une chape de pente ou d'une isolation à pente intégrée, une pente d'au moins 2 % en direction des écoulements. › **voir chap. Toitures plates, Couches de construction** Dans le cas des toitures praticables, les eaux pluviales devraient être évacuées tant au niveau du revêtement de surface qu'au niveau de l'étanchéité. On placera les naissances au point bas de la toiture, en veillant à ce qu'elles soient faciles d'accès. Si la toiture est praticable, on pourra prévoir des regards de contrôle, couverts d'une grille amovible. Pour que l'étanchéification des écoulements puisse s'effectuer proprement, ceux-ci devront se situer à une distance d'environ 30 cm des joints et émergences.

Naissances

Selon que l'étanchéité consiste en feuilles synthétiques ou en lés de bitume, les naissances sont garnies d'anneaux d'étanchéité ou d'ailes de collage, auxquels l'étanchéité est solidement raccordée.

Il existe des naissances à écoulement vertical ou coudé. Les écoulements verticaux sont en principe préférables, dans la mesure où l'eau est ici directement envoyée dans les tuyaux de descente, et où les éventuelles fuites sont, de ce fait, plus faciles à localiser. On recourt par exemple à des naissances à écoulement coudé lorsque la toiture couvre de grands espaces sans appuis intermédiaires, et qu'il n'est par conséquent pas possible d'évacuer l'eau directement.

Dans les régions soumises à d'abondantes chutes de neige, il est recommandé de chauffer les écoulements pour éviter qu'ils ne gèlent, et garantir ainsi une bonne évacuation des précipitations même en hiver.

Dégorgeoir de secours

Pour éviter que les eaux pluviales ne s'accumulent sur la toiture en cas d'obstruction d'une naissance – par exemple par des feuilles mortes –, il est nécessaire de prévoir un dégorgeoir de secours, se présentant sous la forme d'une gargouille traversant l'acrotère. Les dégorgeoirs doivent être entièrement étanchéifiés et isolés, et placés à un point bas de la toiture. La saillie du tuyau devra être assez importante pour empêcher l'eau de couler le long de la façade. Comme il ne s'agit pas ici d'un dispositif d'évacuation permanent, il n'est pas nécessaire d'envoyer l'eau dans le réseau des canalisations.

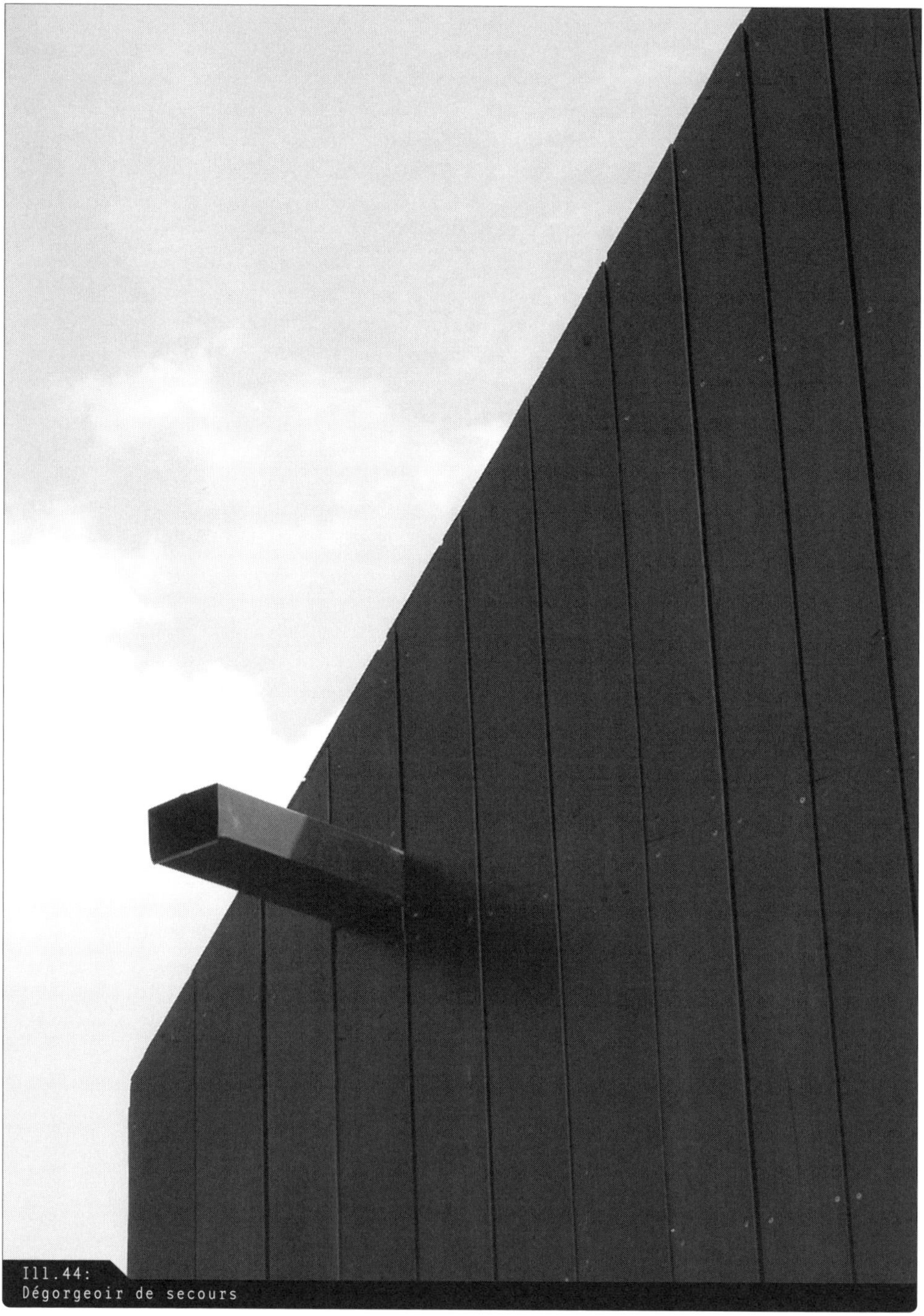

Ill.44:
Dégorgeoir de secours

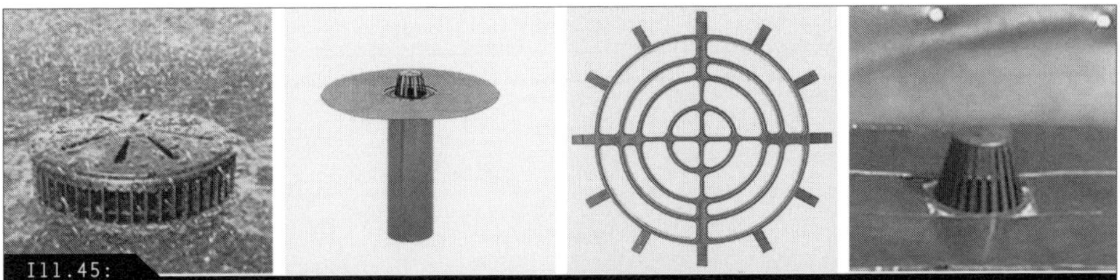

Ill.45:
Écoulements et accessoires

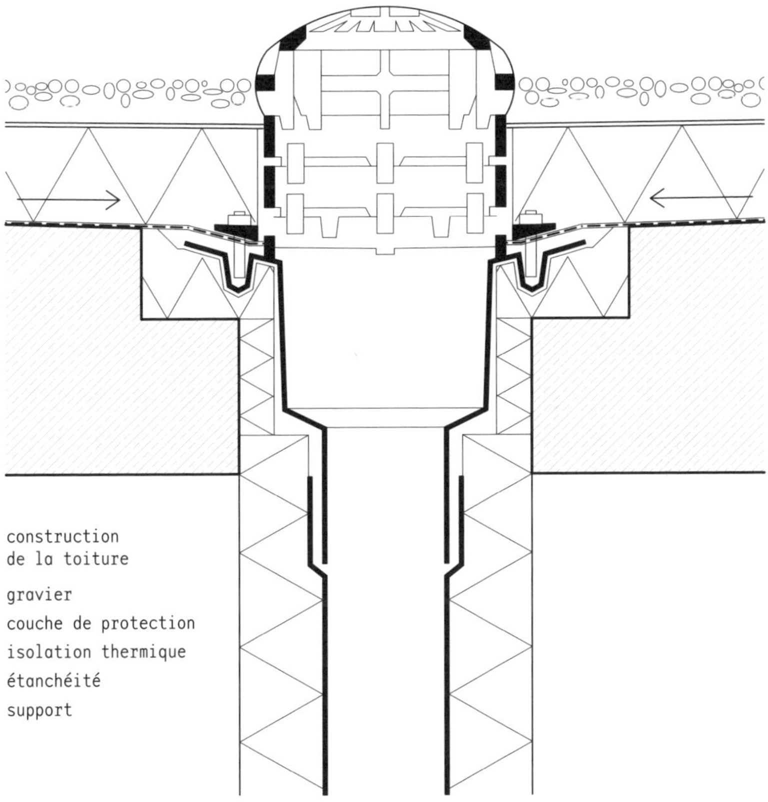

Ill.46:
Naissance dans une toiture non ventilée

CONCLUSION

Dans les chapitres qui précèdent ont été présentées différentes formes et constructions de toitures, ainsi que les matériaux permettant de les réaliser. Bien que cet ouvrage se limite à des formes simples, il apparaît bien vite que les combinaisons possibles sont innombrables, et qu'il n'existe donc pas de «toiture standard». Il appartient au concepteur de définir la succession des différentes couches de construction, de les dimensionner et de dessiner l'ensemble des raccords, extrémités et percements de la toiture. Lors de l'élaboration des détails, on tiendra compte des aspects suivants :

Forme :

_ La forme de la toiture et les éventuelles lucarnes sont-elles conformes aux prescriptions réglementaires ?
_ L'accès aux combles et une seconde issue de secours (par exemple par une fenêtre) sont-ils assurés ?
_ La forme de toiture choisie convient-elle aux dimensions et à la configuration des plans d'étages ?
_ Les matériaux choisis conviennent-ils à l'aspect général du bâtiment et à son environnement ?

Exécution:

_ L'éclairage et l'aération des combles sont-ils garantis ?
_ Toutes les surfaces extérieures du bâtiment sont-elles suffisamment isolées (pignon, lucarnes, versants, superstructures, conduits traversants, etc.) ?
_ L'isolation thermique de la toiture rejoint-elle en tous points celle des éléments de construction contigus (murs, balcons, etc.) ?
_ L'étanchéité à la pluie battante est-elle garantie ?
_ L'humidité s'étant infiltrée dans un élément de construction donné peut-elle s'échapper à l'air libre ?
_ Les eaux pluviales peuvent-elles s'écouler sans obstacle sur toutes les surfaces de toiture ?
_ L'étanchéité au vent est-elle garantie ?
_ La formation d'eau de condensation (par exemple au niveau des percements) est-elle exclue ?
_ L'humidité contenue dans l'air chaud des locaux est-elle en tous points empêchée de pénétrer dans la construction ?

Au-delà des exécutions classiques, le thème complexe de la toiture offre un vaste champ à la créativité. La réinterprétation d'éléments de construction traditionnels peut conduire à des résultats très stimulants, la réduction de la toiture à l'essentiel pouvant d'autre part souligner la sobriété du bâtiment dans son ensemble.

Malgré toutes les normes et prescriptions qui régissent la construction, le concepteur devrait toujours commencer par développer un concept de toiture qui corresponde à son projet, la recherche de solutions constructives appropriées n'intervenant que dans un deuxième temps.

ANNEXES

NORMES

Charges, forces et efforts	
E DIN 1052	Entwurf, Berechnung und Bemessung von Holzbauwerken – Allgemeine Bemessungsregeln und Bemessungsregeln für den Hochbau (Conception, calcul et dimensionnement des ouvrages en bois – Règles de dimensionnement générales et règles de dimensionnement pour le bâtiment), Berlin, Beuth-Verlag, 2000
E DIN 1055-1	Einwirkungen auf Tragwerke – Teil 1 : Wichte und Flächenlasten von Baustoffen, Bauteilen und Lagerstoffen (Actions sur les structures porteuses – Partie 1 : Poids spécifique et charges surfaciques des matériaux de construction, éléments de construction et matériaux en vrac), Berlin, Beuth-Verlag, 2000
E DIN 1055-3	Einwirkungen auf Tragwerke – Teil 3 : Eigen- und Nutzlasten für Hochbauten (Actions sur les structures porteuses – Partie 3 : Poids propres et charges utiles pour les bâtiments), Berlin, Beuth-Verlag, 2000
E DIN 1055-4	Einwirkungen auf Tragwerke – Teil 4 : Windlasten (Actions sur les structures porteuses – Partie 4 : Charges dues au vent), Berlin, Beuth-Verlag, 2001
E DIN 1055-5	Einwirkungen auf Tragwerke – Teil 5 : Schnee- und Eislasten (Actions sur les structures porteuses – Partie 5 : Charges dues à la neige et à la glace), Berlin, Beuth-Verlag, 2000
SIA 261	Actions sur les structures porteuses
SIA 261/1	Actions sur les structures porteuses – Spécifications complémentaires

Couvertures	
SIA 235	Travaux de couvertures : Toitures inclinées et revêtements de façade. Prestations et mode de métré

Étanchéité	
DIN 18195	Bauwerksabdichtungen (Étanchéités des ouvrages), parties 1-6 et 8-10, éditions 8/83 à 12/86, Berlin, Beuth-Verlag 1983/1986

Isolation

DIN 4108	Beiblatt 2, Wärmeschutz und Energie-Einsparung in Gebäuden. Wärmebrücken. Planungs- und Ausführungsbeispiele (1998-08) (Annexe 2, Protection thermique et économies d'énergie dans les bâtiments. Ponts thermiques. Exemples pour la conception et l'exécution)
DIN 4108-2	Wärmeschutz und Energie-Einsparung in Gebäuden. Mindestanforderungen an den Wärmeschutz (2001-03) (Protection thermique et économies d'énergie dans les bâtiments. Exigences minimales en matière de protection thermique)
DIN 4108-3	Wärmeschutz und Energie-Einsparung in Gebäuden. Klimabedingter Feuchteschutz, Anforderungen, Berechnungsverfahren und Hinweise für die Planung und Ausführung (2001-07) (Protection thermique et économies d'énergie dans les bâtiments. Protection contre l'humidité due au climat, exigences, méthodes de calcul et indications pour la conception et l'exécution)
DIN V 4108-4	Wärmeschutz und Energie-Einsparung in Gebäuden. Wärme- und feuchteschutztechnische Bemessungswerte (2002-02) (Protection thermique et économies d'énergie dans les bâtiments. Valeurs de dimensionnement en matière d'isolation thermique et de protection contre l'humidité)
DIN 4108-7	Wärmeschutz und Energie-Einsparung in Gebäuden. Luftdichtheit von Gebäuden. Anforderungen, Planungs- und Ausführungsempfehlungen sowie -beispiele (2001-08) (Protection thermique et économies d'énergie dans les bâtiments. Étanchéité des bâtiments à l'air. Exigences, recommandations et exemples pour la conception et l'exécution)
SIA 180	Isolation thermique et protection contre l'humidité dans les bâtiments
SN EN ISO 10211-1	Ponts thermiques dans le bâtiment – Flux de chaleur et températures superficielles – Partie 1 : Méthodes générales de calcul (ISO 10211-1 : 1995), 1995
SN EN ISO 10211-2	Ponts thermiques dans le bâtiment – Calcul des flux thermiques et des températures superficielles – Partie 2 : Ponts thermiques linéaires (ISO 10211-2 : 2001), 2001

Évacuation des eaux pluviales

DIN 18460	Regenfallleitungen außerhalb von Gebäuden und Dachrinnen (Descentes d'eaux pluviales à l'extérieur des bâtiments et gouttières)

DIN EN 612	Regenfallrohre außerhalb von Gebäuden und Zubehörteile aus Metall (Descentes d'eaux pluviales à l'extérieur des bâtiments et accessoires en métal), Berlin, Beuth-Verlag, 1996
SN EN 612	Gouttières pendantes à ourlet et descentes d'eaux pluviales en métal laminé, 2005
SN EN 12056-3	Réseaux d'évacuation gravitaire à l'intérieur des bâtiments – Partie 3 : Système d'évacuation des eaux pluviales, conception et calcul, édition 2000

RÉFÉRENCES BIBLIOGRAPHIQUES

Andrea Deplazes (éd.) : *Constructing Architecture*, Éditions Birkhäuser, Bâle 2005

Thomas Herzog, Michael Volz, Julius Natterer, Wolfgang Winter, Roland Schweizer : *Construire en bois*, Presses polytechniques et universitaires romandes, Lausanne 2005

Ernst Neufert : *Les Éléments des projets de construc tion*, 8e édition entièrement revue et augmentée, Dunod, Paris 2002

Eberhard Schunck, Hans Jochen Oster, Kurt Kiessl, Rainer Barthel : *Roof Construction Manual*, Éditions Birkhäuser, Bâle 2003

René Vittone : *Bâtir*, Presses polytechniques et universitaires romandes, Lausanne 1996 (réimpression 2006)

CRÉDITS ICONOGRAPHIQUES

Illustration 3 à gauche; illustration 33 au milieu à gauche (maison à Wetter):
Tanja Zagromski, Wetter

Illustration 3 au milieu à gauche et au milieu à droite; illustration 23 au milieu à gauche; illustration 25 au milieu à gauche et au milieu à droite; illustration 26 à droite; illustration 27 à gauche et au milieu à droite; illustrations p. 16, 54:
Bert Bielefeld, Dortmund

Illustration 7 à droite (maison à Oldenburg); illustration 33 au milieu à droite et à droite (maison à Lohne):
Alfred Meistermann, Berlin

Illustration p. 40 (maison Naels):
Brüning Architekten, Essen

Illustration 33 à gauche (Klenke Apartment Building); illustration 44 (villa 57):
Archifactory.de, Bochum

Toutes les autres illustrations proviennent de l'auteur.

Éditeur: Bert Bielefeld
Conception éditoriale: Bert Bielefeld, Annette Gref
Mise en page et couverture: Muriel Comby
Traduction de l'allemand: Léo Biétry

Information bibliographique de la Bibliothèque Allemande
La Bibliothèque Allemande est dépositaire de cette publication dans sa bibliographie nationale; les données bibliographiques détaillées peuvent être consultées sur http://dnb.ddb.de

Ce livre est aussi paru en version allemande (ISBN 3-7643-7682-1) et anglaise (ISBN 3-7643-7683-X).

Case postale 133, CH-4010 Bâle, Suisse
Membre du groupe d'éditeurs spécialisés Springer Science+Business Media

Imprimé sur papier sans acide, composé de tissus cellulaires blanchis sans chlore. TCF ∞
Imprimé en Allemagne

ISBN-10: 3-7643-7952-9
ISBN-13: 978-3-7643-7952-0

9 8 7 6 5 4 3 2 1

www.birkhauser.ch

AUTRES TITRES PARUS DANS CETTE SÉRIE :

Basics Concevoir l'habitat
Jan Krebs
ISBN 3-7643-7953-7

Basics Matérialité
Manfred Hegger, Hans Drexler, Martin Zeumer
ISBN 3-7643-7954-5

Basics Maquettes d'architecture
Alexander Schilling
ISBN 3-7643-7956-1

Basics Dessin technique
Bert Bielefeld, Isabella Skiba
ISBN 3-7643-7951-0

Basics Construire en maçonnerie
Nils Kummer
ISBN 3-7643-7955-3

DETAIL
Maisons individuelles

DETAIL
Construire dans l'existant

DETAIL
Habitat collectif